教科書指導ハンドブック

新版 小学校五学年国語の授業

光村版

西郷竹彦 監修・文芸教育研究協議会 編集

新読書社

はじめに——教科書教材による「ものの見方・考え方」を育てる国語の授業

これまで文部科学省のかかげてきた国語科教育の目標は、時により若干の異同はありましたが、文章表現の内容がわかる力、つまり読解力を育てること、という目的は今日に至るまで終始変わりません。もちろん、読解力の向上それ自身は望ましいことには違いありません。しかし、そのことに終始してきたことの結果として、子どもたちの「ものごとの本質・人間の真実を認識する力」は、まことに憂うべき状態にあります。たとえば、あらゆる対策が講じられてきたにもかかわらず、校内における、また地域社会における「いじめ」の問題は、依然として憂慮すべき状態にあります。

何よりも、肝心なことは、国語教育も他の教科教育と同様、「ものごとの本質・法則・真理・真実・価値・意味」などの体系的認識の力を育てることにあります。「人間のわかる人間を育てる教育」をこそめざすべきであるのです。まさに人間の真実を語る文芸こそが、人間についての豊かな、深い認識を育てるための唯一の教材となるものです。他の教科教育をもって代行できるものではありません。だからこそ文科省の文芸教育の軽視は、結果として教育の荒廃を招くもととなったのです。

私どもは、「人間のわかる人間」を育てるために「ものの見方・考え方」（認識の方法）を、発達段階に即して指導していくことをめざしています。『学習指導要領』が言語事項を軸にして系統化を考えているのに対して、私どもは認識の方法を軸にした系統化を考えています。つまり、説明文教材や文芸教材だけでなく、作文・読書・言語・文法などの領域もすべて、認識の方法を軸にして互いに関連づけて指導するわけです。

このような関連・系統指導の考え方に立って、どのような国語の授業を展開すればいいかを試みました。もちろん現行の教科書は『学習指導要領』に基づいて編集されておりますから、私どもの主張との間に、あれこれの食い違いやずれのあるのは当然であります。しかし、本書では、できるだけ子どもの「ものの見方・考え方」を関連・系統的に教え育てていく立場で、それぞれの教材をどのように教材研究し、授業を展開すればいいかを解説しています。

なお、国語を「ものの見方・考え方」を軸にした系統指導することによって、それが土台になり、すべての教科を関連づけることが可能となります。国語科で学んださまざまな「ものの見方・考え方」は、各教科を横断・総合するということもありますが、むしろ、国語科などで学びとったいろいろな「ものの見方・考え方」を、対象にあわせて組み合わせるところにこそ、本当の意味での「総合」があるのです。

国語科の指導にあたっては、体系的な西郷文芸学の理論と方法を教育的認識論をもとに、過去半世紀にわたり研鑽を積み重ねてきました。その豊かな経験をもとに、私どもは、「文芸の授業」や「詩の授業」「説明文の授業」などの場を通して実践・研究の成果を世に問うてきました。この『教科書指導ハンドブック』（略称『指導ハンドブック』）もその企画の一つです。『指導ハンドブック』は、六割以上のシェアをもつ光村図書の教科書をどのような観点で指導したらいいのか、そのポイントを具体的に、わかりやすくまとめたものです。幸いこれまで出されてきたものも好評でした。今回の教科書の改訂で教材の変更がありました。そのため、『指導ハンドブック』も部分的に手を入れたものを出すことになりました。教科書をかたわらに置いて本書をお読みくだされば、「ものの見方・考え方」を育てる関連・系統指導の内容を具体的に理解していただけるものと確信しております。

企画から刊行まで、新読書社の伊集院郁夫氏のひとかたならぬご協力をいただきました。ありがとうございました。

二〇一五年四月

文芸教育研究協議会会長　**西郷　竹彦**

光村版・教科書指導ハンドブック　新版　小学校五学年・国語の授業／目　次

第三章●五年の国語で何を教えるか　43

【凡例】

1 本書は、西郷竹彦文芸研会長が確立した文芸学理論と教育的認識論をもとに文芸教育研究協議会（以下「文芸研」と略称）の実践者・研究者によって著された。

2 本書は、平成27年度用光村図書小学校国語科用教科書に掲載された教材の指導の参考に資するために著された。

3 本書の主たる参考文献は、『西郷竹彦文芸・教育全集』（恒文社）であるが、必要に応じて各項の最後に関連参考文献を載せた。

4 各学年の国語科指導全般にわたる課題を「高学年の国語でどんな力を育てるか」「教材分析・指導にあたって」で解説した。

5 具体的な指導のイメージを理解してもらうために指導案例と板書例を載せた。

6 『西郷竹彦文芸・教育全集15巻』（恒文社）は『全集15巻』と略称し、『最新版西郷竹彦教科書指導ハンドブック小学校高学年・国語の授業』〈西郷竹彦著・明治図書〉は、旧『指導ハンドブック高学年』とした。

7 教科書引用文は〈　〉に入れた。一般引用文は「　」に入れた。

8 西郷文芸学理論による用語は《　》で表したが、一般的に使われている用語でも西郷文芸学理論による意味と異なる場合は《　》を使っているところがある。

9 西郷文芸学理論や教育的認識論の用語が記述されたところで必要なものは太字にした。

10 各項目単独でも利用できるようにするため、他の項目と重複した内容になっているところがある。

第一章

高学年の国語でどんな力を育てるか

この本を出版した趣旨について説明しておきます。観点といってもいいでしょう。

私ども文芸研は、長年にわたって、「認識と表現の力を育てるための関連・系統指導」を主張してきました。一年ではどういう認識・表現の力をつけるのか、二年では……、三年では……と、一年から六年まで、さらに中学・高校へと関連・系統指導することになります。ここでは、小学校一年から六年までの各学年の中心課題を明確にしていきたいと思います。つまり、小学校の各学年でどういう認識・表現の力を育てるかということを課題にします。

1 関連・系統指導でどんな力を育てるか

人間および人間をとりまくさまざまなものごと（世界と言ってもいい）、その真実、本質、価値、意味をわかることを「認識」と言います。

「わかる」ためには「わかり方」を教えるのであって、そのわかり方は、普通「ものの見方・考え方」と言います。

「ものをよく見なさい。」とか「しっかり考えなさい。」と言っても、どこを見たらいいのか、どのように考えることがしっかりよく見て考えることとなのかを子どもたちは知りません。だから、学校で私たち教師が、小学校一年生から、一番大切なものの見方・考え方（認識の方法と言います）を具体的な教材を使って、「教材で」教えていく、学ばせていくことになります。

そして「教材で」人間とはこういうものだという、人間の本質とか真実をわからせます。これを「認識の内容」と言います。これらが国語の授業で学ばせることです。

つまり、国語科で学ぶことの一つは、言葉を通して、人間やものごとの本質や価値を学ぶ（認識の内容を学ぶ）ことです。もう一つは、「ものの見方・考え方」（わかり方＝認識の仕方、認識の方法）を同時に学ぶことです。この両面を学ぶことが大事なのです。書いてある中身からわかったことの蓄積は「認識の力」になります。しかし、もう一つ忘れてならないことは、わかり方を同時にわからせ、身につけさせていくことです。認識の方法と認識の内容の両面がともに大事なのです。

認識の方法
認識の内容　｝**認識の力**

認識の方法とは「わかり方」あるいは「ものの見方・考え方」であり、認識の内容とは「わかったこと」で、それは「知識」としてたくわえられ、思想を形成します。

ところで、認識の方法（わかり方）を学ぶことは、同時に表現の方法（わからせ方）を学ぶことでもあるのです。もっとも表現の方法は、これまでの読解指導においても不十分ではありますが、一応は教えてきました。しかし、人間の本質・人間の真実、ものごとの本質・価値・

意味をとらえて表現することが本当の表現の力なのです。ですから、本当の表現の方法は認識の方法と表裏一体のものとして学ばせなければなりません。

系統指導は、認識の内容を系統化するのではなく、認識の方法を系統的に指導することです。認識・表現の方法を、一年から系統化して指導していくことになります。

系統化ということは、前と後とがつながりがあるということです。それから、ただつながっているというだけではなくて、前に対して後のほうがより一段高まっているということです。この「つながり」と「たかまり」があって、小学校六年間で子どもの認識の力が系統的に育てあげられることになります。

❷国語科で育てる力

ここで、国語科ではどんな力を育てるかをはっきりさせておきたいと思います。理科や社会科と比べてみればはっきりすることです。理科は自然について（つまり、自然を認識の対象として）、その本質や法則を認識させる教科です。自然認識の力を育てる教科です。社会科は社会や歴史などを対象として、その本質や法則や意味を認識させる教科、つまり社会・歴史認識の力を育てる教科です。

では、国語科は何をするのかと言いますと、まず何よりも人間と人間をとりまく世界を認識させることです。もう一つは、言葉、表現そのものの本質・価値・意味を認識させることです。この二つがあります。

もちろん、理科で、自然認識の力を育てるというとき、自然とはこういうものだという認識の内容を教えると同時に、自然のわかり方も教えます。たとえば、実験や観察は、科学的な認識の方法の基本的なものの一つです。この認識の方法と認識の内容の両面を理科で教えていきます。また、社会科でも社会や歴史とはこういうものだという認識の内容を教えるだけでなく、社会科学的な認識の方法も同時に教えていきます。

国語科も同じです。ことばとは、人間とはどういうものかという、ものごとの本質をわからせていく（認識の内容をふくらませていく）と同時に、そのわかり方（認識の方法）を系統的に教えていきます。ひと言で言えば、教科教育の基本は認識だと言えます。

理科、社会科の場合には、表現の力を特にとりたてて問題にしませんが、国語科の場合には、認識の力を育てることと裏表に、表現の力を育てる課題が付け加わってきます。

❸自主編成の立場で

長年、私どもの運動の中で自主編成が言われてきました。自主編成というのは、教師が自ら教材を選ぶということです。教材を選ぶ主体は国民です。具体的には教師です。ですから、教科書があるからそれを使うというのではなく、その子どもにどんな力をつけるかという観点で、必要な教材を選ぶということです。

❹高学年で育てる力

◇すでに学んだこととこれから学ぶこと

五年生ともなりますと、一年から四年まで学習してきた認識の方法とか、その他の知識が蓄積されてきています。認識の内容についても、国語科だけでなく、理科や社会科、その他の教科からも、いろいろな認識の内容を身につけています。したがって、一つの教材を読む場合でも、今までに学んできたものを十分に使って新しい教材にとりくむことができます。つまり、今までに学んだ認識の方法をさらに変化発展させた形で、生かして使うということになります。または、それらの方法を組み合わせることもあります。また、新しく五年生になってから本格的に学ぶことになっている認識の方法を、同時に学習することになります。さらには、六年になってから学習する認識の方法を、いくらか気づかせる程度に、学習の中にとり込んでいきます。

このように考えると、何やらたいへんに複雑な感じがするかもしれません。そのため、うまく整理をし、五年の中心的課題をおもに、四年までに学んだことや六年で学ぶことを組み合わせます。しかし、この認識の方法を一年から四年までに系統的に学んできていない子どもたちも多いと思います。その場合は、五年の一学期では、駆け足で、一年から四年までの課題を学習（補説・補足）するという配慮が必要になります。

認識の方法の系統指導が一般化されて、どこの学級・学校でもそのような考え方で指導されているなら、五年を受けもった先生は、一年から四年までのことはすでに学習しているものとして、一学期の最初から五年の中心課題を念頭において、授業を進めていくことができます。しかし、現在はそのようになっていません。そのため、このような配慮が必要になります。

◇低学年の課題

一年から一番大切にしたいことは、**観点**を決めるということです。考えるとき、見るとき、表現するとき、いつでも観点を決め、終始一貫します。そのうえで、**比較**することになります。どんな観点で見るかをきちんと決めてはじめて比較できるのです。比較には同じようなところを比べる――**類比**と、違うところを比べる――**対比**の二通りがあります。また、**順序**もあります。順序よく見ることは、**過程**（プロセス）、あるいは**変化**・**発展**に目をつけることです。その次に**理由**があります。**根拠**・**原因**・**理由**です。比較・順序・理由の三つは最も重要な課題であると同時に、認識の方法の基本となるものです。

関連・系統指導案（小学校の中心課題）

0　**観点**　目的意識・問題意識・価値意識

真・偽　ほんと―うそ

善・悪　いいこと―わるいこと

美・醜　きれい―きたない

有用・無用　やくにたつ―やくにたたない

1　**比較**（分析・総合）

類似性―**類比**（反復）

相違性―**対比**

2　**順序**　過程・展開・変化・発展

時間・空間・因果・心情・思考・論理・意味

3　**理由・原因・根拠**

4　**類別**（分類・区別・特徴）

特殊・具体 ⇄ 一般・普遍

全体と部分

5　**条件・仮定・予想**

6　**構造**（**形態**）・**関係**・**機能**・**還元**

7　**選択**（**効果**・**工夫**）・**変換**

8　**仮説・模式**

9　**関連・相関・連鎖・連環・類推**

10　**相補**

←―― 低 ――→（1〜3）

←―― 中 ――→（1〜6）

←―― 高 ――→（1〜10）

（西郷試案2の2）

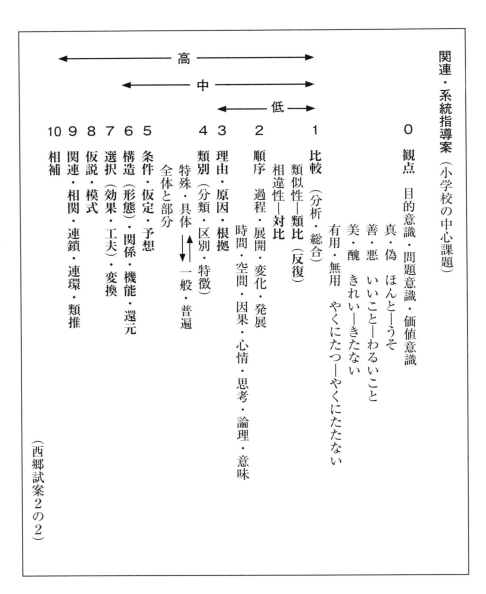

◇中学年の課題

低学年でつけた認識の方法を土台として、中学年になると、まず、**類別**ということをやります。分類するといってもいいでしょう。次に、**条件**的に見る、**仮定**的に見る、あるいは**予想**することがあります。四年になれば、ものごとを**構造**的に見る、**関係**的に見る、**機能**的に見ることが中心課題になります。

◇高学年の課題

さて、五年になりますと、今までに学んだことを変化・発展させて学ぶと同時に、五年の中心課題である**選択**が出てきます。これは、表現の効果や表現の工夫のことです。また、**仮説**を立てることも中心課題になります。

選択とは、いろいろな認識の方法や表現の方法のうち、どの方法がより妥当か（適切か）を選ぶことです。選ぶには、それ以前に、それぞれの方法の特性（長所・短所）や条件をわきまえなくてはなりません。つまり、時と場合を心得て、それを使い分けることができる段階でなければ、選ぶということは難しいのです。五年になると、それが可能になってきます。だからこそ、選ぶことができるようになってほしいということで、**選択**を中心課題にしています。これは、文章で言えば、表現効果とか工夫ということになります。

ものごとを条件的に見る、仮定的に見る、構造的・関係的に見ることをふまえながら、発展した形で、ものごとを**仮説**的に見るという認識の方法が五年の中心課題に入ってきます。

仮説するということは、可能性を見るとか必然性を見るということです。ただの思いつきだけでは仮説することにはなりません。しかるべき必然性があって、可能性を見通して仮説を立てます。その必然性や可能性をふまえるためには、四年の課題であった構造的・関係的・機能的に見ることができないと、必然性をふまえることはできません。それから、ものごとを過程的・展開的・変化・発展するものとして見ていくような見方も必要になります。仮説を別の見方でいうと、モデルをつくってものごとを認識することです。これらは、シェーマとかパターンとか言われているものです。**模式**とも言います。

さらに六年の中心課題の一つは、ものごとを**相関的**（ひびき合う関係）に見ることです。**相関**というのは、ひびき合い、からみ合っている関係です。密接不可分にからみ合っていて、その一方が変われば他方も必然的に変わらざるを得ないというような関係のことを言います。**相関関係**は、ちょっと複雑になれば連鎖した形になってきます。**連環**とも言います。同じようなことが鎖のように一つながりにつながっていく関係です。

相関は、ものごとの中にそういう関係が実際にある場合を指しています。それに対して、**関連**は、そのものごとの中に客観的にそういう関係が何もない（たとえば、因果関係がない）にもかかわらず、ある**観点**でそれらのものをひびき合わせる場合を言います。世間では関連を、いわゆる相関関係と同じ意味で言うことが多いのですが、私は一応区別しています。客観的にその関係が存在する場合には相関、客観的にはそういう関係がないにもかかわらず、そこにあるものごとものごとを密接不可分に、あえて関係づける場合を関連と称します。

六年のもう一つの中心課題は**類推**という論理的な「ものの見方・考え方」です。

類推は、ある一つのことから、全然関係のない、縁もゆかりもないものを考え出す（これも関連づけることです）場合を指しています。似たようなものを**推測**する、**推理**するということがあります。たとえば、原子核の構造というのは、直接見るわけにはいきませんが、太陽系のモデルから太陽を中心にして遊星がそれを囲んで回っているように、原子核の周りに電子が回っているのではないかと類推します。その場合、太陽系と原子核は何ら関係はありません。けれども、そのように類推します。あるいは、水道の水が管を流れることから、電流も、ちょうど水がパイプを流れるように流れているのではないかと類推します。類推するというのは、**モデル**（模型）をつくり、モデルでものを見ていく、考えていくということです。

六年では、一年から学んできた認識の方法を、それぞれがもっと発展した形で、複雑な形で学ぶことになります。いくつかの方法を組み合わせた形でものごとを見ていく、考えていくことになります。認識の方法は関連・系統指導案（西郷案2の2）として一八頁の表にまとめています。

こうして、いずれ中学・高校に行きますと、最終的には、弁証法的な認識の方法を学ぶことになります。

◇高学年の教科書として

このように、系統的に子どもの認識の方法を育てる国語科教育を考えていますが、文部科学省の『学習指導要領』は、そのようには考えていません。言語事項の系統指導でしかないのです。したがって、文部科学省の系統指導で編集された教科書を使って、先のように認識の力を育てる系統指導を行うことになりますから、ちぐはぐなことも当然でてきます。その学年の課題を学ばせるのに適した教材が出てこないというようなことも起こります。

たとえば、ものごとを仮説して見ることを高学年で学ばせたいと考えても、教科書を実際見ますとそういう教材がほとんどないことが現実としてあります。また、**模式**、モデル、シェーマ、パターンを設定してものごとを認識していく力は、六年生になるとできるし、ぜひ育てたいと考えています。しかし、実際にはそういう力をつけるにふさわしい教材が極めて少ないという現実があり、歯がゆい思いをしています。

さらに、六年生なのに低学年の類比・対比ぐらいの認識の方法しか出てこない教材が入っています。「認識の力を育てる」という観点から見ると、系統性に欠けると言わざるを得ません。

現行の教科書に対していろいろ不満や批判はありますが、現場の教師の立場に立ちますと、日々の授業をその教科書でやります。ですから、できるだけ私たちのねらっている「ものの見方・考え方を育てる——認識の力を育てる」という立場に立って、教科書教材にしたがって見ていきたいと思います。歯がゆさ、もどかしさがつきまとってきますが、現実に即して多少なりとも現実をこえるように考えていきたいと思います。

第二章

教材分析・指導にあたって

❶ 視点について

◇視点人物と対象人物

すべての文芸作品は、①だれの目から描いてあるか、②どこから描いてあるか、という視点があります。

話者（語り手）はいつでも人物をわきから《外の目》で見て語っています。しかし、時にはある人物の目と心で、《内の目》で見ることもあります。どの程度の重なり方があるかで、①～の側から②～に寄りそう③～に重なる、という違いがあります。

話者（語り手）が《内の目》で見て語るほうの人物を視点人物と言います。見られるほうの人物を対象人物と言います。

視点人物と対象人物には、表現のうえで違いがあり、また読者のとらえ方も違ってきます（左の表を参照のこと）。

人物	心・姿	表現	読者
視点人物（見る側）	心（内面）	よく描かれている	よくわかる
	姿（外面）	とらえにくい	よくわからない
対象人物（見られる側）	心（内面）	とらえにくい	よくわからない 会話や行動で推測できる
	姿（外面）	よく描かれている	よくわかる

◇同化体験・異化体験・共体験

《内の目》で視点人物と同じ気持ちになった読みを《同化体験》と言います。《外の目》で視点人物も対象人物も評価する読みを《異化体験》と言います。《同化体験》と《異化体験》をないまぜにした読みを《共体験》と言います。《共体験》で、より切実な深い読みができます。

◇視角

話者の《外の目》がある人物の《内の目》によりそい、重なったとき、それをその人物の視角から語ると言います。

❷西郷文芸学における《美と真実》とは

◇自然の美と芸術の美

花が美しいとか、きれいな夕焼けとか、あるいは心の美しさというときの《美》を、自然の美、素材・題材の美といいます。絵画や彫刻、音楽、演劇、文芸など芸術における美は、美しいとか、きれいというのではなく、むしろ、おもしろいとか、味わい、趣きというべきものでありましょう。これらを芸術における美、あるいは虚構における美、略して虚構の美と呼んでいます。

◇虚構（文芸）の美

文芸の美は、素材・題材の美しさと直接には関係がありません。ありふれた、あるいは醜いものでも、文芸において表現されたものは、独特の味わい、おもしろさをもっています。芸術は素材の美醜にかかわらず、虚構の方法によって虚構の美（芸術の美）を創造します。なお、虚構の美を西郷文芸学では、「異質な（あるいは異次元の）矛盾するものを止揚・統合する弁証法的構造の体験・認識、表現・創造」と定義しています。

料理にたとえると、甘さと酸っぱさという異質なものをひとつにとけあわせた風味（美味）といえましょう。

◇美の相関説

花が美しいというとき、花そのものに美があると考える立場を美の客観説といいます。花を美しいと思う人間の心に美があるとするものを美の主観説といいます。西郷文芸学においては、主観（視点）と客観（対象）のかかわりかたに美があるという相関説を主張しています。光と物と影にたとえると、光（主観）と物（客観）との相関関係によって影（美）を生ずるというわけです。光と物は実体概念ですが、影（美）は関係概念です。

美が相関的であるということは、読者の主体性が問題になるというわけです。

◇美の発見・創造

美とはあるものではありません。読者が見出し、つくりだすものです。読者が主体的に文芸作品と「対話」して、そこから発見、創造するものです。文芸（虚構の世界）とは、読者も創造（虚構）する世界であるといえましょう。

◇美の体験・認識

美というものは、まず体験されるものです。美の体験は、感動をもたらします。文芸作品の虚構の構造（美の弁証法的構造という）を読者が明らかにしたとき、それは美の認識といいます。美の認識は、さらに美の感動（体験）を深めるものとなります。

◇美のカテゴリー

美というものは、さまざまです。料理の味にいろいろあるように、文芸の味わい（美）もまた多種多様なのです。ユーモアもペーソスも美の一種です。俳諧における「わび・さび・しをり・かるみ」なども美のカテゴリーにはいります。

◇美と真実

ドイツの国民的詩人といわれるゲーテは、「詩における美と真実」という有名なことばを残しています。すべて、すぐれた文芸というものは、人間の真実を美として表現するものです。真実にはいろいろあります。たとえば、親が子を慈しむのは、親という人間の真実です。真実とは人間普遍のものです。

真実とは、読者が「なるほど、わかる」と実感できるものです。共感できるものです。そのことを人間普遍の真実といいます。

そして、そのような真実がおもしろい、味わい深いと感じられたとすれば、それは真実が美として表現されているといいます。

真実――なるほど

美――おもしろい

すぐれた文芸は、「なるほど・おもしろい」というものとしてあるといえましょう。そのことを「花（美）も実（真実）もある」とたとえています。

　ところで、《美と真実》といえば、美と真実が二つ別個にあるように誤解されがちですが、美と真実は表裏一体のものです。表あっての裏、裏なき表はない―ということです。真実のありようが美なのです。美として体験していることが実は真実なのです。

◇美と真実の教育

　文芸教育は他の教科教育と相まって人間観・世界観を育てる教育であり、それを美と真実の教育というありかたで実現するものです。芸術教育はつねに《美》が問題となることを忘れてはなりません。わが国の教育では、《美》の教育が軽視されてきました。知の教育に偏ってきました。いまこそ美と真実の教育を中心にすえるべきだと思います。

　文芸教育において《美と真実》は究極のテーマといえましょう。

❸ 西郷文芸学における《虚構》とは

◇虚構とは何か

　本シリーズでは《虚構》という用語が使われています。世間一般でも「虚構」という用語はよく見られる用語です。しかし、そこでの「虚構」は、「つくりごと」とか「つくりばなし」、あるいは「フィクション」という意味で使われています。それは世間一般の通念としての「虚構」の考え方です。

西郷文芸学では、「文芸とは言葉の芸術であって、虚構である」と言っています。その場合の《虚構》とは、「現実をふまえて、現実をこえる世界」のことです。ですから世間一般の「虚構」の考え方とは、ずいぶん違っています。詩や俳句、短歌、物語、小説などすべてを《虚構》と言います。

◇虚構の世界

《虚構の世界》とは、日常的な常識的な意味をこえた、非日常的な、反常識的な深い思想的な意味が発見される、あるいは創造される世界のことです。これは、《虚構の世界》をつくる大事な目的なのです。《虚構》は、自分や世界を日常的な目で見るだけでなく、《虚構の目》、文芸の目で見ることによって日常のなかに深い意味を見つけ出す力をもっています。また、そのような働きをもっています。つまり、《虚構》は未来を先取りすることや、理想を先取りすることができるのです。だから現実を批判する、文明批評という機能・はたらきをすることになるのです。

◇虚構の方法

文芸作品には《虚構の世界》をつくるために、いろいろな**《虚構の方法》**が使われています。《虚構の方法》とは、現実を再構築する方法です。現実とは、日常とか常識と言い換えることができます。そのような現実をふまえながら日常や常識をこえた世界、現実をこえた《虚構の世界》をつくる方法を《虚構の方法》と言っています。比喩も一つの《虚構の方法》です。視点、構成もそうです。その他、類比・対比といった認識の方法なども《虚構の方法》です。

◇読者も虚構する

現実は私たちの肉眼で見えますが、私たちの目では見えないものもあります。それを見るために《虚構の方法》があります。それを比喩的に**《虚構の目》**と呼んでいます。文芸の世界、《虚構の世界》は、作者が《虚構の方法》を使ってつくりますが、読者はそういう文芸作品を相手取って、読者もまた作品の世界を自分自身の読み方で読むことになります。それを「主体的な読み」と言っています。《虚構の世界》は作品の内部にあるのではなく、読者が主体的にその作品と切り結んだときに、読者と作品のあいだに生まれてくる世界です。これが《虚構の世界》なのです。それを西郷文芸学では、**「読者も虚構する」**「読者も創造する」と言っています。また、そういう読みこそが本当の「主体的な読み」になります。

読者が作品を《虚構の世界》としてとらえなければ、これは単なる文章を読んだだけのことであって、そこから深い意味を見出すことはできません。主体的に読むことで読者が逆に自分自身を批判して、乗りこえていくという可能性も出てきます。

❹「単元を貫く言語活動」について

◇「単元を貫く言語活動」の縛り

改訂学習指導要領で「言語活動」が全教科で重視（前学習指導要領では「内容の取扱い」として例示されていたのが、指導事項として格上げ）され、とりわけ国語科では「単元を貫く言語活動」が強く押し出され、教科書・学力テスト・各種官製研修を通してその徹底が図られています。地域によっては指導案にも「単元を貫く言語活動」を細かく指示しているものもあります。「指導すべき項目」として格上げされた言語活動例―観察・実験やレポートの作成、記録・要約・引用・説明・論述・編集のなどの言語活動例が示され、多くの時間を割くようになりました。

学習指導要領の改訂のたび言語操作・技術主義の学習活動が増え、言語と生活の分離に拍車がかかり、子どもたちのことばの力（伝達、想像、認識・思考、表現・創造）を伸ばすことによって人間的成長をめざしていくという国語教育本来の目標からますます離れていくことに、私たちは警鐘を鳴らしてきました。

全国一斉学力テストの出題問題をみても、「読むこと」「書くこと」のどんな力が国語の学力として誘導されようとしているのかが読み取れます。非連続型テキストの「読解」「表現」として「読まない文芸・説明文教育」「書かない作文教育」の方向に授業が明らかに誘導されています。そこには、戦後日本の教師たちが理論的実践的に創造してきた現実認識を育て、人間的発達と密接にかかわるところの文芸教育・作文教育を含む国語教育全体を貫く背景をも取り去ろうとしていることは大きな問題です。

文芸教材や説明文教材の読みに時間をかけないで（「ざっくり読み」なる言葉が登場しました）、さまざまな言語活動が学習の中心となる学習風景が広がっています。言語活動例をあらかじめ示し、その動機づけに教材を扱う「単元構成学習」も教材の読みを丁寧に扱わないという点では同様です。

国語の授業で一番時間をかけなければならないのは、日本語そのもの（表記・文法・語彙・発音など）の教育と「読むこと」「書くこと」の領域です。文芸教育、科学的説明文・論説文の指導、作文教育こそ系統的な指導が必要なのです。

◇全国一斉学力テストと国語教科構造・内容の変質

全国学力テストが実施された結果、国語の教科構造・内容の強引な変更が行われました。「伝え合う力」の強調と実践の形式主義の広がりの後は、「活用力」です。「思考・判断・表現」を活用型学力とし、ＰＩＳＡ型学力調査に対応しようとしました。学力を基礎基本の習得（Ａ問題）と活用力（Ｂ問題）の二段階に分けて示しています。今までの学力テストの問題でも明らかなように、非連続型テキストの読解・討論・要約・推薦などの言語活動が具体的な問題として出題されました。

　学習指導要領では、国語を三領域一事項―「A話すこと・聞くこと」「B書くこと」「C読むこと」と「伝統的な言語文化と国語の特質に関する事項」―とし、各学年相応の時間を配分しているにもかかわらず、学力テストの「C読むこと」の出題では、いわゆる説明文や物語文の読解の力をみる設問は皆無に等しいのです。「B書くこと」も要約が中心であり生活作文はもちろん登場しません。

「活用」とは場面設定を卑近な生活次元におろし、実用的な「言語処理能力」に狭めたものになっています。そもそもPISAなどの学力調査で指摘されたのは「主体的に理解し、主体的に表現できない」日本の子どもたちの問題でした。「知識基盤社会」の中で、国際競争力をどう確保するのかという人材育成の発想にとどまっており、結局教育を国家的・経済的視点からしか発想せず、平和と民主主義の発達、そして個人の生涯にわたる発達保障という視点が決定的に欠けています。

「活用力」の中身の「思考・判断・表現力」そのものには異論はありません。私たちも日々の教育活動で子どもたちに「思考・判断・表現力」、換言すれば《認識と表現の力》をつけたいと考えています。学習指導要領で「理解と表現」といっていた時代から、文芸研では《ものごとの本質や人間の真実を認識し表現する力を育てる》ことを主張し、国語の全領域を串刺しにした関連・系統指導（認識方法による関連・系統化）で実践を積み上げてきました。本書も《ものの見方・考え方》（認識方法）を育てる国語の授業づくりという観点で編集されています。

5「伝統的な言語文化」の登場とその扱い

◇学習指導要領・国語の特徴

学習指導要領・国語は、戦後一貫して実用主義、言語活動主義の延長線上にあり、「話す・聞く」「読む」「書く」という言語活動の場面を三領域として設定し、その方向性は今改訂でも踏襲されています。しかし、従来の「言語事項」が「伝統的な言語文化と国語の特質に関する事項」に変えられ、「改正」教育基本法や「改正」学校教育法の伝統・文化の尊重、国を愛する態度（愛国心）の育成を反映したものになりました。

◇発達段階をふまえたものになっているか

小学校一・二年では、「昔話や神話・伝承など」が、三・四年では「易しい文語調の短歌や俳句」の「音読・暗唱」、「ことわざ・故事成語」の「意味を知り、使うこと」が、五・六年では「親しみやすい古文や漢文、近代以降の文語調の文章について、内容の大体を知り、音読すること」が述べられています。三・四年の短歌・俳句は、従来は高学年で扱っていたものであり、五・六年の教材を見るとほとんどが、従来中学校用教科書で扱われていたものです。

◇音読・暗唱中心の問題点

共通することは、内容の理解よりも音読・暗唱中心で、声に出して読むことでリズムや響きを身体で感じ取らせようとしていることです。「伝統文化の理解は古典の学びから……日本語という言語体系そのものが日本の文化の象徴であることにも気づかせたい」（梶田叡一・中央教育審議会委員）という意図がわかります。日本語の美しさ・優秀さを強調し、愛国心・民族意識を涵養しようとしているといえます。音読・暗唱の教育的意義をすべて否定するものではありませんが、戦前・戦中の教育勅語や歴代天皇名の暗唱に代表される鍛錬主義には、抑制的であるべきです。

◇どのような扱いをすればいいのか

「説明」「報告」「メモ」「提案」「手紙」「記録」などの言語活動を扱う単元が増え、さらに「伝統的な言語文化」の増加で、限られた時間の中では、どう考えても詰め込み教育にならざるを得ません。「詰め込み」ではという批判に対して、「個々の児童生徒の理解の程度に応じた指導への転換を」と文部科学省は強調していますが、学習上の格差が拡大するのは明らかです。では、実際、子どもたちの力をつけるために教室ではどうするかです。それは、結論的に言うと、子どもの発達段階をこえた教材には多くの時間をかけないで紹介的に済ませるということです。文芸や説明文、作文指導に多くの時間をあてるといいでしょう。短歌や俳句などは、従来どおり高学年で鑑賞指導も含めて文芸教育として丁寧に扱ってほしいと思います。

❻ 文芸の授業をどのように進めればいいのか

文芸研では、導入の段階としての《だんどり》、展開の段階としての《とおしよみ》《まとめよみ》、整理の段階としての《まとめ》という授業段階を考えています。

◇《だんどり》の段階

授業の《ねらい》を達成するために必要な生活経験の思い起こしをさせたり、作者や作品の背景についての予備知識を与えたりして、学習に興味をもたせ、読みの構えをつくります。

◇《とおしよみ》の段階

この中には《ひとりよみ》《よみきかせ》《はじめのかんそう》《たしかめよみ》があります。

ここでは、イメージの筋に沿って、その場に居合わせるように、ある人物の身になってわがことのように、また、わきからそれらの人物をながめるようにさまざまに《共体験》させます。この《たしかめよみ》に一番多くの時間をかけます。

ここで大切なことは、《ねらい》に沿って切実な文芸体験をするために視点をふまえたイメージ化や表現方法、文法をきめ細かく血の通った形で学ばせることです。

◇《まとめよみ》の段階

《まとめよみ》では、《たしかめよみ》で学んだことをふまえて、人間の真実やものごとの本質・価値・意味（思想）をとらえさせます。また、作品から自分にとっての意味を見つけること（典型をめざす読み）、作者が作品世界や人間を表現している方法（虚構の方法）を学ぶことが課題になります。

◇《まとめ》の段階

《おわりのかんそう》を書かせたり、発表させたりして、学習をしめくくると同時に、《つづけよみ》などをして、関連づけて実践したい学習への橋渡しをします。

《だんどり》から《まとめ》までの指導＝学習過程で大事にしたいことは、授業の《ねらい》を一貫させることです。

7 読書指導について

◇読書の目的

読書には知識を豊かにするというほかにも大切なことがあります。それは、「人間観・世界観を学ぶ」ということです。

◇文芸の授業と読書の関係

読書指導の基礎になるのは、教師と子どもの集団で、確かさをふまえた、豊かで深い読みをする文芸の学習です。この中で子どもたちに文の本質、構造、方法などの基本的な知識を与え、あわせて文芸の正しい、豊かな読み方に習熟させせます。そうすることによって意欲も生まれ、進んでさまざまなジャンル、テーマ、思想をもった作品に幅広く出合うことができるのです。深く学び広く読むことが、のぞましい読書指導です。

◇つづけよみ

ある観点でいくつかの作品を関連づけることによって、深い思想を生み出すことが期待できます。幼児や小学校の段階でも、授業の展開として絵本や短い作品数冊程度で《つづけよみ》させることができます。

《つづけよみ》では、同じ作家の作品を続けて読むことが多く見られます。一人の作家の世界をひとまとまりに知ることは、多くの作家の作品をばらばらに数多く読むということとは違った大きな意味があります。作家の考え・思想を深く学ぶことができます。

《つづけよみ》には、表現方法に着目して作家の共通する特徴をつかむ読み方もあります。同じ作家の場合、作品は異なっても、どこか共通する表現方法があります。構成や表現の仕方から作家の思想に近づくこともできます。小学校高学年にならないと難しいでしょう。

◇くらべよみ

《つづけよみ》の中に《くらべよみ》という方法があります。異なる作家が書いた作品で、題材やテーマが同じであっても違う考え方・切り口・表現方法（文体）をもった作品を比べながら読むやり方です。いくつかの作品の似ているところ、違うところを比べながら読むことにより一つひとつの作品では見えなかった深い意味を読みとることができます。

◇典型をめざす読み

作中の人物と自分とを重ね合わせて考える読みです。主人公の生き方と比べて自分をふり返る読み方をすることです。また、作品に描かれた状況を、読者が生きる今日の状況と重ねることも必要です。

◇読書記録

読書記録は、読書量を競うというより《つづけよみ》をして、考えを深めた自分のための記録です。

◇親子読書

経験の違う人と一つの作品を読み、とらえ方の違いを学ぶということもありますが、家族のつながりを深めることにも役立ちます。

第三章

五年の国語で何を教えるか

❶「ふるさと」（室生犀星）

◇春を迎える喜びが類比されたイメージ

この詩は、五年生になってはじめて出会う教材です。

前半では、〈雪あたたかくとけにけり〉〈しとしとしとと融けゆけり〉〈ひとりつつしみふかく／やはらかく／木の芽に息をふきかけり〉と、文末は全て〈けり〉になっています。〈けり〉は、過去を表わす助動詞です。この〈けり〉の**類比**から、〈わたし〉は〈ふるさと〉の春のおとずれを強くなつかしんでいることがわかります。また、雪がとけ、春風がやさしくふきかけ、春の訪れとともに暖かくなっていくイメージがくり返され（類比）、春を迎える喜びが強められています。

後半は、目の前の〈木の芽〉に〈もえよ／木の芽のうすみどり〉〈もえよ／木の芽のうすみどり〉と、くり返し力強く呼びかけています。雪がゆっくりとけながら、小さな若芽が力強く生命力をもって広がっている様子がイメージされます。目の前の新しい春に、未来の自分を重ね、力強く励まし希望をもって意欲的に生きようとする**語り手の〈わたし〉**の姿が見えてきます。

わたしの視点が、過去から現在、そして未来へ移動する**構造**になっています。そのため過去に体験したふるさとのあたたかさが現在の自分を支え、そして未来の明るい希望へとつながるイメージをつくっています。

◇工夫された表現

この詩には、さまざまな表現の工夫があります。表したいことにふさわしい言葉を選び、効果的な表現を工夫しています。これは五年生の中心課題である**選択（効果・工夫）**する力を育てることにつながります。

書き出しの一行には、〈雪あたたかくとけにけり〉と、本来冷たい雪が〈あたたかく〉と表現されていて不思議な感じがします。しかし、なるほどそう思えると納得もできます。春のあたたかさが雪を包み込み、とかしていきます。〈雪あたたかく〉という、相反する（矛盾する）イメージによって、未だ冷たい世界にあっても、同時にあたたかい穏やかな春の訪れがあることを効果的に、みごとに表現しています。

また、〈雪〉〈とけにけり〉、〈融けゆけり〉と表記を使い分けています。〈とけにけり〉というひらがな表記は、雪を辺り一面ゆっくりおだやかにとかしていく様子が浮かび上がります。〈融けゆけり〉漢字表記は、融かされた雪が、水蒸気となり空気中に融け込み、〈木の芽〉をやさしく包む様子がうかがえます。このように、ひらがなと漢字を使い分けることによって、確実に冬から春に移りゆく自然の営みがイメージ豊かに浮かんできます。

雪が融け水になり、その水がさらに水蒸気になります。空気中に融け込んだ水蒸気はあたたかい風となり、風は〈ひとりつつしみふかく〉、そして〈やはらかく〉〈木の芽に息をふきかけ〉ます。〈木の芽〉をやさしく、あたたかく包み込むイメージがくり返されています。しだいに寒い冬からあたたかい春へと移り変わります。

また、風は人物化した表現になっています。そのため、風が〈木の芽〉を気づかいながら一生懸命〈息をふきかけ〉る姿が見えてきます。この詩は単なる風景を描写したものではなく、〈わたし〉の気持ちを反映した**情景描写**になっています。さらに、文語体であることでこの世界にゆかしい格調を与えていることもおさえてほしいと思います。

これらの表現の工夫（選択）が、冬の厳しさ（辛さ）を乗り越え、やってくる春（夢・希望）に向かって力強く成長しようとする人物のイメージを効果的に表現しています。（宮宗基行）

❷「あめ玉」（新美南吉）

◇物語の学習で大切にしたいこと

この作品の一番のおもしろさは、わたし舟に乗り合わせた二人の小さな子どもを連れた女の旅人とさむらいとの、あめ玉を介した思いがけない展開にあります。

〈春のあたたかい日〉の陽気とわたし舟のゆれに心地よくなったのか、さむらいはいねむりを始めてしまいます。〈黒いひげを生やして強そうなさむらいが、こっくりこっくり〉いねむりをする様子を見て、〈子どもたちはおかしくて、ふふふと笑い〉ます。しかしお母さんはさむらいを怒らせてしまわないように、子どもたちを静かにさせます。一度はだまった子どもたちですが、今度は一つしかないあめ玉をめぐってせがみ合いが始まります。せがみ合いは次第にエスカレートしていき、ついには〈いねむりをしていたはずのさむらい〉を起こしてしまうのです。お母さんは〈このさむらいはおこっているのにちがいない〉と思い、どうにかして子どもたちをなだめようとするのですが、ついにさむらいは〈すらりと刀をぬいて、お母さんとこどもたちの前にやって来〉ます。お母さんは、〈子どもたちを、さむらいが切ってしまうと思〉い、真っ青になります。読者もお母さんと同じ気持ちになり、さむらいはどうするのかとハッと息をのみます。このハラハラした気持ちを体験できるところが、この作品の最大の魅力です。この楽しさを味わうだけでも十分に楽しいものではありますが、この作品を通して人間と人間をとりまく世界について深く認識させることが大切です。では、どうすればこの物語を深く味わうことができるのでしょうか。まずは、この物語の構造から見ていきましょう。

◇視点（さむらいのイメージをつくるお母さんの言動）

文芸作品はすべて言葉で描き出されたイメージの世界です。ですから、はじめから変わらない決まったイメージがあるのではなく、言葉によって少しずつイメージがつくられていきます。また、人物像はその人物だけでイメージができるわけではありません。その人物の周りの人やもののイメージとの関係で形づくられていくのです。

この作品は話者（語り手）が**視点人物**であるお母さんの目と心に寄りそって語っています。ですから、**対象人物**であるさむらいのイメージは、視点人物のお母さんがどのようにとらえているかで形づくられていきます。ですから〈さむらいがおこっては大変〉〈いねむりをじゃまされたのでおこっている〉〈いねむりのじゃまをした子どもたちを、さむらいが切ってしまう〉などくり返し語ることで、さむらいのおそろしいイメージがふくらみます。ですから〈さむらいがすらりと刀をぬい〉たときには、読者もお母さんとともにハラハラするのです。まずは、視点人物であるお母さんの身になって感じるこのような体験**（同化体験）**をしっかりさせたいものです。

◇再読におけるさむらいのイメージ

さらにこの物語を深く味わうためには、お母さんの目と心になって読む《同化体験》だけでなく、お母さんの言動を外から見る**異化体験**をさせることも大切です。

初読（はじめてこの物語を読むとき）では、物語の中の人物も読者も次の展開を知りません。ですから視点人物が感じたことがそのまま読者の感じ方になります。

一方、**再読**（二回目以降の読み）では、人物と読者の関係は、人物は知らないが読者は知っているという**関係**に変化します。ですから、初読では視点人物の語ることをそのまま受けとり、うなずいていたことを、さむらいの意図も知らずに勘違いしていると考えることになります。

そこでもう一度読んでみると、〈ちがいないと、思いました〉〈切ってしまうと思ったのです〉からもわかるように、怒っている、切ってしまうと一方的にお母さんが思い込んでいるだけで、さむらいは何も怒ってはいなかったのです。その証拠に子どもたちがあめ玉のことでせがみ合う前も、解決した後もさむらいは同じ場所で〈こっくり　こっくり〉いねむりをしています。

思い込みで真っ青になっているお母さんを見て、読者は子ども思いのやさしいお母さんだと感じるでしょう。このように、お母さんの目と心に寄りそって読むとハラハラし（同化体験）、外から読むと、ほほえましく読めます（異化体験）。このように相反する読みができるところも物語を学ぶおもしろさです。

◇物語のおもしろさをつくり出している条件（時・所・人）

視点がお母さんにあることでハラハラした体験ができることを先に述べましたが、それを支える**条件**が他にもあります。

まず**時の条件**を見てみましょう。この物語の設定はさむらいのいる時代です。何時代かは特定されていませんが、少なくともさむらいのいる時代は、さむらいに対して一目おき、無礼なことが許されない時代です。授業のはじめには必ず扱っておきたい条件です。

また、春のあたたかい日という条件も必要不可欠です。他ならぬ春で、しかもあたたかい日なので〈こっくり　こっくり〉といねむりが始まったのです。

人の条件はどうでしょうか。〈二人の小さな子どもを連れた女の旅人〉という設定です。二人の小さな子どもだからこそ、あめ玉一つでせがみ合いが起こります。また、その母親だからこそ子どもを守ろうとする思いが、あの思い込みをさせたと言えるかもしれません。さらに旅人だからこそ、偶然乗り合わせたさむらいがどんな人物かわからず、先入観でさむらいを判断してしまいます。

所の条件はどうでしょうか。わたし舟だからこそ、限られた空間で逃げることができません。〈「向こうへ着いたら、買ってあげるからね。」〉と言っているのに、それすら待てない小さな子どもたちにハラハラします。

このように、この物語のおもしろさをつくり出している条件が一の場面で語られています。

◇視点がお母さんにあることの意味

お母さんがさむらいを怒らせてはいけないと考えたのは、このような条件が重なっているからです。

さむらいの言動を「○○に違いない」と、一貫して思い違いをしているお母さんの姿は、私たちに何を伝えようとしているのでしょうか。

再読では思い違いをしているお母さんを見て、さむらいを先入観で見ているからだよと批判的にとらえたり、一人でハラハラしている姿にほほえましさを感じたりします。しかし、もう一度初読の段階での自分自身の読みを振り返ってみるとどうでしょう。読者もお母さんに同化して同じようにさむらいに切られるのではないかとハラハラしたことを思い出すでしょう。そのことで、自分自身も先入観や他人の見方に惑わされていたことに気づかせたいものです。

この時期（思春期にさしかかった）子どもたちは、自分の思い込みで友だち関係をよりきびしい状況に追い込んでいることが少なくありません。

この作品を通して「〇〇に違いない」「絶対、〇〇と思う」といった自分の思い込みは、自分自身を窮地に追い込む考えであることに気づくのではないでしょうか。またそれに気づけるような授業を展開していくことで、より豊かに生きていく原動力にしていけるのではないでしょうか。

◇「あめ玉」という題名がついている意味について

あめ玉というと皆さんはどんなイメージをもっているでしょうか。甘い・丸い・子どもの好きなものなどと、人それぞれイメージすることは違うと思います。

この作品の中でのあめ玉も同じです。子どもたちにとってはなんとしても食べたい魅力的なもの、お母さんにとっては、自分の大切な子どもの命を奪いかねないハラハラするもの、さむらいにとっては、眠りを妨げる原因となったものです。同じあめ玉でも、だれが見るか、どういう状況（時、所）で見るかによって、とらえ方（意味・価値）は変わります。ものごとはすべて**条件**によって変わるということをあめ玉が教えてくれています。

せがみ合う子どもたちをなだめる方法という**観点**から考えてみるとどうでしょう。

お母さんにとっては子どもたちをなだめる唯一の方法があめ玉を与えることです。でも、一つしかありません。一方さむらいは、剣技がすぐれているというだけで子どもをなだめることはできません。互いに一人では子どもをなだめることができません。しかし、お互いがもっている条件を生かすこと（足らない条件を互いがもつ条件で補い合うこと）で子どもたちをなだめることができます。

あめ玉は、お母さんと子どもとさむらいの関係をつなぐ中心にあるものです。さむらいに対する先入観を打ち砕き、一気に人物の関係を変えていくのがあめ玉です。このように考えると、あめ玉は作品の中で大事な位置と役割をもっています。ですから、題名が「あめ玉」になっているのです。そして、この題名には象徴的な意味があるように思えます。人と人はつながり合って生きていること、またつながらざるを得ないことを象徴しているようにも読めます。先生方は、そして授業で子どもたちは、「あめ玉」をどのように意味づけることができるでしょうか。

（向井美穂）

❸「なまえつけてよ」（蜂飼 耳）

◇題名の役割 ―― 仕掛をもった題名

「なまえつけてよ」と誰かに話しかけられているような題名です。題名には、読者の興味関心を引くという**仕掛**としての役割（**機能**）があります。最初に題名をみた読者は、何に名前をつけるのだろう、どんな名前をつけるのだろう、ひらがな表記だから幼い子どもが言ったのかな、と興味をもつことでしょう。ひらがな表記であることは、本文と深い関係があります。**まとめよみ**の段階では、なぜひらがな表記を**選択**したのかを考えさせてください。

物語を読み進めると、名前をつけるという出来事が春花と勇太の関係を変化させるきっかけになったことがわかります。**再読**すると、「なまえつけてよ」は、単に名前をつけることを依頼する言葉ではなく、春花と勇太をつなぐ意味をもつ言葉と感じられ、**初読**のときとは、題名から受ける印象が変わってきます。

◇春花の目と心に寄りそって読む ―― 視点と表現方法をふまえた読み

〈学校からの帰り道のことだ〉と、話者は、見ているほう**（視点人物）**である春花の目と心になって、春花に寄りそって、春花に重なって、**内の目**で語っていきます。読者も、**内の目**を通して、見られているほう**（対象人物・事物）**である勇太や子馬を見、春花の気持ちになって読んでいくことになります**（同化体験）**。また、会話文が多く、常体の短い文で語られることによって、読者は、まるでその場に居合わせるかのような臨場感を持って、読み進めることになります。

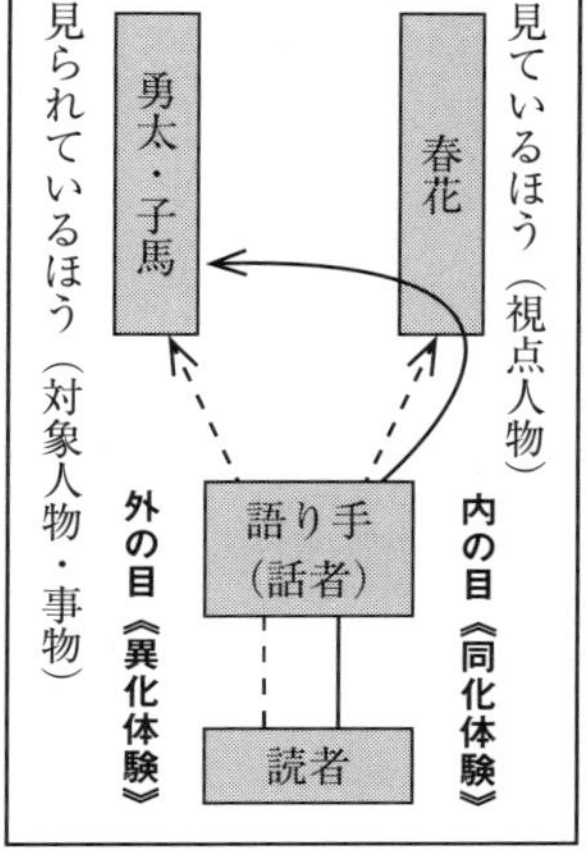

読者には、見ているほうの春花の気持ちはわかりますが、見られているほうの勇太の気持ちは、よくわかりません。春花と同様に、会話や行動で推測しかできき

ません。だからこそ、最後に勇太から手渡された紙で折った馬に〈なまえつけてよ〉と書いてあるのを見たとき、今までと違う勇太を発見したような気持ちになるのです。

一方で読者は、春花から離れた**外の目**で、春花や勇太を外側から見て読んでいきます（**異化体験**）。春花や勇太の言っていることやしていることを第三者としてつきはなして見、評価して読んでいきます。《同化体験》と《異化体験》をないまぜにした体験（**共体験**）をすることで、豊かな読みをすることができます。

◇人物の条件・読者の条件

春花は、五年生です。五年生になると、体も心も成長してきます。名前をつけるという大事なことを任されたり、いやなことがあっても、〈言葉をぐっと飲み〉こんだりできるというのも成長の一つです。近所のおばあさんからも、〈五年生になって、なんだか急に大人っぽくなってきたみたい〉と言われます。春花は、任されたことを一生懸命に行い、相手を思いやり配慮ある言動ができる人物として描かれています。

勇太は、〈ひと月前に、遠くの町から引っこしてきた〉ばかりの男の子です。転校先の女の子とすぐに仲よく話すことはできにくいでしょう。成長に伴い女の子に自分の気持ちを率直に表せなくなるという面もでてきます。そのことは、小学二年生の弟、陸との対比で、よりうきぼりになるように描かれています。しかし、不格好だけれど紙で〈小さな馬〉を折り、〈らんぼうなぐらいに元気のいい字〉で〈なまえつけてよ〉と書いて渡したことに、勇太の人柄が表れています。一見ぶっきらぼうにみえる行動とはうらはらのやさしい心が見えてきます。

読者は、同じ五年生です。春花や勇太の行動や心は、読者の中にもあります。少しずつ成長する自分を感じることもあるでしょうし、気持ちと行動は必ずしも同じでないこともわかります。そんな読者だからこそ、春花や勇太の行動のうらにある気持ちを想像しながら読むことができるのです。そして、春花と勇太が仲よくなれたらいいな、この先どうかかわっていくのだろうと期待しながら読むことができます。

◇一場面

〈牧場のわきを通りかかったとき〉、春花は、〈見なれない子馬がいる〉ことに気づきます。〈つやつやした毛なみ〉、〈立ち止まってじっと見ると〉、〈ぱちりとまばだき〉、〈その美しい目に、すいこまれそうな気がした〉と、子馬の様子に心を惹かれる春花です。すると、牧場のおばさんから〈名前、つけてよ〉と頼まれます。読者は、なるほど、題名の「なまえつけてよ」は、牧場のおばさんから子馬に〈名前、つけてよ〉と頼まれたことなのかと思います。しかし、「名前」が漢字であることに疑問が残ります。

〈歩きなれた通学路〉が〈まるで知らない道〉と感じられるほどに春花の心は高揚しています。自分が今までに名前をつけたことのある唯一の生き物である〈お祭りのときにすくった、おとなしい金魚〉を思い出し、〈子馬のまぶしいすがた〉と**対比**することで、より心が高まっていきます。初めて名前をつけることを任されたこと、自分が心惹かれた子馬に名前をつけられる喜びと興奮がわかります。読者にとっても、名前をつけるという大事な行為を任される喜びは、共感できるでしょう。

その時、弟の陸を連れた勇太が現れます。ここで、**語り手**は、勇太がどんな人物かを説明しています。〈ひと月前に、遠くの町から引っこしてきた〉ことや、勇太のお母さんに「仲よくしてやって」と言われて気にかけているけれど、春花は〈実際には、どうしたらいいか、わからなかった〉ことが語られます。自分が〈話しかけても、あまりしゃべらない〉けれど、〈陸とは楽しそうに遊んでいる〉勇太を見て、なぜ自分にはしゃべってくれないのだろうという気持ちや、〈親しくなるきっかけ〉があれば、仲よくなれるかもしれないという気持ちも感じられます。

そこで、〈牧場に子馬がいるんだけど、気がついた〉と、話しかけますが、〈目を合わせ〉ず〈ただ、足元を見ている〉勇太です。〈ちらっと春花の方を見た〉。でも、すぐに目をそらした〉と、そっけない態度です。春花と話をしたくないのかな、転校してきたばかりで恥ずかしいのかな、もしかして勇太もきっかけがつかめずにいるのかなと想像はできても、**対象人物**である勇太の気持ちはよくわかりません。目をかがやかせて話す陸と勇太の言動が対照的です。〈ぷいっと向きを変えて、歩きだした〉勇太に、〈なによ、その態度〉という〈言葉をぐっと飲みこんだ〉春花です。**初読**の時、読者は、せっかく春花が話しかけているのにぶっきらぼうな勇太の態度に、とっつきにくい人物であると感じます。

その後、小さいころから知っている近所のおばあさんに会い、〈五年生になって、なんだか急に大人っぽくなってきたみたい〉と言われます。おばあさんの言葉を聞いた読者は、大人っぽくなったと評価される人物として春花をとらえます。春花は、おばあさんの飼いねこ「ぽんすけ」の名前の由来を聞きます。少しでも名前をつける参考にしたいと考え行動する春花の積極的で誠実な人物像がわかります。

〈夜、ふとんにもぐりこんでからも〉、〈あの子馬に似合う名前をつけたい〉と、一生懸命考える春花です。〈子馬の特徴を思いうかべ〉〈大きくなったら風のように走る馬になってほしい〉という願いをもち、考えるうちに〈一つの名前がうかんで〉きます。〈心の中で、子馬につけた名前をよんで〉みた春花は、〈安心してねむりに落ち〉ました。読者は、どんな名前をつけたのだろう、きっとぴったりの名前をつけられたのだろうな、と次の日が楽しみになります。次の場面への期待をもたせる仕掛になっています。

◇二場面

〈次の日の放課後〉、子馬をながめながら、〈来ないかもしれないな〉と思いつつ勇太を待っていると、陸と一緒に勇太がやってきます。〈風がさあっとふきぬけた〉という一文は、春花の気持ちを表す**情景描写**になっています。いよいよ名前をつけるという期待感や喜び、その上、来ないと思っていた勇太が現れた喜びが現れています。

春花が子馬の名前を言いかけると、牧場のおばさんから、子馬は急によそにもらわれることになったこと、もらわれた先で名前をつけられることになったことを聞きます。読者は、春花に**同化**して読んできたので、春花が名前をつけることを楽しみにしていたことも、一生懸命考えたことも、きっとぴったりの名前を考えていただろうことも知っています。〈だまったまま、さくからつき出た子馬の鼻に〉さわる春花の気持ちを考えると、どれほどがっかりしているかわかります。〈いいんです――。それなら、しかたないですね〉と〈明るい声で〉答える春花は、牧場のおばさんのことを気遣っているのでしょう。明るい声がよけいにかわいそうに思えてきます。〈勇太と陸は、何も言わない〉で、〈こまったような顔をして、春花の方をじっと見て〉いました。勇太の態度について、読者も春花の思いを知っているので、はげましてあげたいけれど何と言っていいか分からない気持ちを推測することができます。

◇三場面

次の日の昼休み、ろう下ですれちがった勇太に、〈春花はそっと何かをわたされ〉ました。〈わたすと、勇太は急いで行ってしま〉いました。**初読**では、読者には何を渡されたかわかりません。受け取ったのは、〈紙で折った小さな馬〉でした。〈ひっくり返してみると〉、〈らんぼうなぐらいに元気のいい字〉で〈なまえつけてよ〉と書いてありました。不格好な馬や乱暴なぐらいに元気のいい字からは、勇太の不器用なやさしさや一生懸命さが感じられます。今までは、話しかけてもあまりしゃべらなかった勇太が、春花をはげますために自分のできることを考え、自分から行動したのです。子馬に名前をつけられずがっかりした春花を元気づけようとした勇太の思いやりが伝わってきます。はげましてあげたいけれど直接言葉で言うのは恥ずかしい、勇太らしい行動と思えます。春花と共に、読者も「勇太って、こんなところがあるんだ」と、今までとは違う勇太を発見し、仲よくなれるような気持ちになります。そして、題名の「なまえつけてよ」がひらがなであるわけも、ここでわかります。

校庭でサッカーをする勇太を見つけた春花は、〈ありがとう〉と、〈心の中でつぶやき〉ました。最初は、子馬に名前をつけることを任されたことを喜んでいた春花ですが、今は勇太の「なまえつけてよ」と言ってくれたやさしさや勇太の新しい面を発見できたことをうれしく思っています。**再読**では、勇太の行動のうらの気持ちを想像することができ、**初読**の時とは勇太のイメージがかわってきます。もし、この作品を春花と子馬の関係を描いた二日間が中心となる物語で、三日目の場面は後日談のようなものだと考えてしまったら、教材解釈の本質を見誤ることになります。この作品は、春花と子馬の出会いと別れを描いた物語ではありません。春花の子馬への思いを中心にしつつも、それをふまえて変化していった**春花と勇太**の関係を描いた物語です。それゆえに、春花の考えた子馬の名前は最後まで明かされません。話しかけても目を合わせようとしない勇太に〈なによ、その態度〉と言いたくなっていた春花が、〈なまえをつけてよ〉という不器用でも心のこもったメッセージを受けとることにより、〈ありがとう〉と〈心の中でつぶやいた〉、その後の変化にこそ注目すべきなのです。

◇典型化

教材に続けて『たいせつ』というコラムがあります。そこには、「登場人物どうしのかかわりを読む」というタイトルで次のようなことが説明してあります。〈物語の中の人物や人物どうしの関係を理解することは、現実世界での人間関係を助け、自分のものの見方や考え方を深めることにもつながる〉（一部抜粋）。

これは、まさに、典型化の大切さを語っています。「物語だけの世界」というのではなく、物語の世界で体験した人間関係を自分の身の回りの人間関係に当てはめてみることで、物語の人物の言動を深く意味づけたり、自分の見方・考え方を振り返ったりすることにつながります。春花と勇太の関係も、個々の子どもたちなりに自分の人間関係に当てはめて振り返ることで、今の自分、これからの自分のありかたを考えるきっかけになるのではないでしょうか。

このことを文芸研では、**典型をめざす読み**（典型化）といっています。

『この本、読もう』で紹介されている本にも、人物どうしのさまざまな関わりを通して成長する人物が描かれています。ぜひ《つづけよみと》して読んでほしいと思います。（小林良子）

【「なまえつけてよ」まとめよみの指導案例・板書例】

◉ねらい

・登場人物どうしの関係とその変化から、人物像や心情の移り変わりをとらえさせる。
・物語の中の人物同士の関係を自分たちのこととつなげて考えさせる。（典型化）

◉授業展開

Q１　春花と勇太の関係はどのように変わっていったでしょう。

・春花は、初め、ぶっきらぼうな勇太とどう接したらよいかわからなかったけれど、勇太のやさしいところに気づいて見方が変わり、仲よくなれそうな気がしてきた。

・勇太は、初め自分の気持ちを素直に表現できなかったけれど、春花のことを考えて、自分からはげまそうと行動した。そのことが、春花との関係を変化させるきっかけになった。

Q２　題名は、二人の関わりの変化とどのように結びついているでしょう。

・春花が勇太の思いやりのある人がらに気づくきっかけとなった言葉が、題名になっている。

Q３　春花や勇太と自分と比べて似ていることはありますか。

・自分たちも、大切なことを任されたり、相手のことを気遣った言動ができるようになったりするなど、成長していると感じることがある。

・ちょっとした出来事をきっかけに友達と仲よくなれたことや、友達の新しい面に気づき、友達の見方が変わったことがある。

◉板書

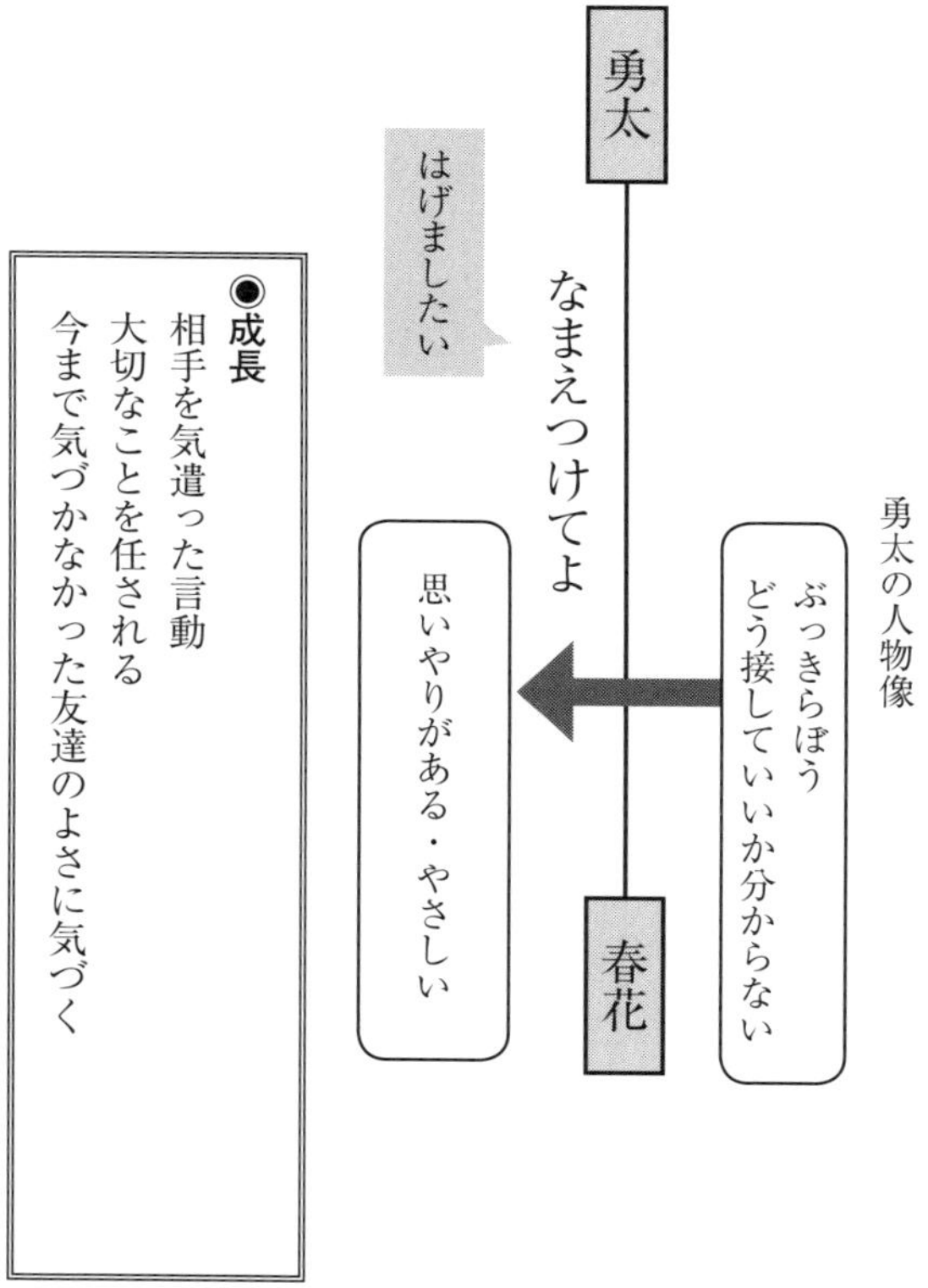

❹ 新聞を読もう

新聞を取り上げ、編集の仕方や記事の書き方に注意して読む言語活動の単元です。新聞は多数の読者に配布されるメディアとして編集され、社会・経済・政治・国際・教育・文化・スポーツなど多岐にわたる内容が取り上げられています。

編集では、活字や図、写真などの大きさや行数、配置などを決める「割り付け」のことや、逆三角形の構成と呼ばれる「見出し」「リード」「本文」を効果的に組み合わせて、わかりやすく書かれていることを学習します。この**効果的**にという課題は、高学年の**選択**というものの見方・考え方のことです。また、事件や出来事の報道記事だけでなく、社説やコラム・解説などの記事の種類など新聞の特徴を理解し、編集の仕方や記事の書き方に注意して読むことが大切です。

三八・三九頁は、「二つの記事を比べよう」と、同じ出来事を伝える全国紙と地方紙の記事を比較しています。この**くらべよみ**の方法はメディアリテラシーの力を育てる意味で重要です。子どもたちにとって身近な話題で具体的に学習させたい内容です。（上西信夫）

❺「見立てる」（野口　廣）

◇構成

この文章は、「はじめ」「つづき」「おわり」の三つのまとまりから構成されています。「はじめ」は一段落、「つづき」は二・三・四・五段落、「おわり」は六段落です。

◇題名

題名は、おもに**仕掛と観点**を意図してつけられています。この文章でも、「見立てる」という題名は「どんな意味があるのだろう。」と読者に思わせるような仕掛になっています。また、「見立てる」ということを観点にして本文に〈見立てられた結果〉〈見立てるということだ〉と、何回も書かれています。

◇説得の論法

説明文ではどのようにして読者を説得するかという**説得の論法**が重要です。

一段落の最後に〈たがいに関係のない二つを結び付けるとき、そこには想像力が働いている〉と書いてあります。読者は「なぜどのような想像力が働いているのだろう。」と興味をもちます。そこが仕掛になっています。

「見立てる」という行為の例に、あやとりをあげたことは読者を説得するために効果的です。なぜかというと、子どもの遊びで大勢の人に知られていること、読者である五年生の子にも身近で親しみやすいこと、日本にも世界にもある遊びだということ、民俗や風土が変わっても行われている遊びだということだからです。そして、いつでもどこでも時代が変わっても行われ、やる人の想像力をかき立てるものだからです。

四段落で同じ形のあやとりが地域ごとに違った名前を三十種類ももっていることが書かれて

います。自然や生活の**条件**によって見立て方が違うことを表しています。

五段落では、同じ形がアラスカの西部とカナダで名前が違うことを言っています。世界各地であやとりが行われていることがわかると同時に、ここでも自然や生活の条件によって見立て方が違うことを表しています。

また、挿絵や写真も読者を説得するために効果的です。あやとりとそれにつけられた名前が目に見える形で示され、すぐに納得できるからです。写真Aを見れば、だれでもすぐに「ああ、これは、やったことがある。」と思い出すことでしょう。そして、自分の知っている名前のほかにもいろいろな名前があることを知り、「なるほどそういう名前をつけることもできるな。」と思い当たることでしょう。写真Bと挿絵を見比べれば、「ああ、かもめにもログハウスにも見えるな。」と付けられた名前に納得できるでしょう。実際にあやとりをするときも、自分たちでつくったものに名前を付けた経験を思い出し、それが「見立てる」ことだとすぐに納得できることでしょう。

◇関連

「見立てる」という行為は、**関連づける**という**認識の方法**を使っています。〈たがいに関係のない二つを結びつける〉とき〈想像力を働かせ〉共通するイメージを探し出すことは、まさに《関連づける》ということです。

「見立てる」ということは、古代の象形文字や現代のマーク・標識などで広く行われています。

《関連づける》という認識の方法を子どもたちに教えるのに、身近でわかりやすい教材です。

（佐藤真理子）

⑥「生き物は円柱形」（本川達雄）

◇題名の役割（観点・仕掛）

「生き物は円柱形」という題名は、この説明文の主題でもあり、**観点**を示しています。題名で観点が示されることで、読者は見通しをもって読むことができます。しかし、「生き物は円柱形」と言われると、そのとりあわせに意外な感じを受けます。五年生の児童は、算数の「図形」の学習で〈円柱形〉という言葉を使います。でも、生き物とつなげて考えることはおそらくなかったと思います。子どもたちは、〈生き物〉が〈円柱形〉とはどういう意味だろうと不思議に思い興味をもつのではないでしょうか。この題名の役割（**機能**）は、学習の観点を表すと同時に読者を引きつける**仕掛**になっています。

この説明文の筆者本川達雄さんは、生物学者です。筆者が専門家であることは、読者に信頼感を与えます。ですから、教科書でも教材文の最後に作者の紹介があるのです。

◇演繹法の構成

この作品は、一段落で〈生き物は円柱形〉であるという結論（観点）を述べています。それを受けて、二から十段落で、どうしてそのように考えたかという根拠を説明しています。そして、最後の十一段落で、筆者の考え（結論）が述べられています。このような書き方・構成になった文章を**演繹法**と言います（はじめに問いを出し、終わりに結論を書く構成を**帰納法**と言います）。生き物は円柱形であるという意外な結論から生まれる読者の疑問に寄りそいながら説明していくことにより、筆者の考えに納得・共感できるような構成になっています。

◇仕掛をもった結論

「はじめ」である一段落では、まず、〈地球には、たくさんの、さまざまな生き物がいる。生き物の、最も生き物らしいところは、多様だというところだろう〉と生き物には差異性（**対比**）があることを述べています。その後、〈しかし、よく見ると、その中に共通性がある。形のうえでのわかりやすい共通性は、「生き物は円柱形だ」という点だ〉と生き物の類似性・同一性・共通性（**類比**）を述べています。これが、この説明文の結論になっています。

筆者は、形の共通性に目をつけ、生き物は円柱形であると言っています。そう言われればそうとも言えそうだなとも思います。しかし、そう言い切っていいのかという疑問も残ります。

普通、生き物の共通性を問われると命あるものといった答えを用意するかと思います。しかし、そうではない意外な答えが出されると、読者は疑問をもちながら、なぜだろう、知りたいという興味をもつのではないでしょうか。

◇円柱形の共通認識をもたせる

「つづき（中）」は、二から一〇段落までです。

二段落では、〈君の指を見てごらん〉と身近な物を例にとり読者に語りかけ、〈ここでは円柱形と見なすことにしよう〉と筆者の円柱形のとらえ方・許容範囲（条件を決めた見方）を示して、読者との共通認識をはかっています。説得する際に最初に定義したり共通認識をはかったりすることは大切なことです。同じ土俵に読者を立たせることによって、説明をスムーズに進めることができるからです。

◇身近な題材で説明する

二段落で人間の体を例にあげた筆者は、三段落で、さまざまな生き物の例をあげて説明しています。まず、円柱形に近い形の生き物（ミミズ・ヘビ・ウナギ）、身近な動物（ネコ・イヌ）、そして植物という**順序**で説明しています。身近な題材で説明を運んでいくこと、わかりやすいものから説明することは、読者を納得させるために大切な方法です（**説得の論法**）。〈円柱形だという言葉や生き物の例がくり返され、挿絵も手伝って、読者は、なるほど生き物は円柱形だと納得させられます。しかし、同時に挿絵を見て「葉は円柱形ではないのではないか」という疑問ももつことでしょう。

◇例外の提示

すかさず、四段落で、〈もちろん、例外もある〉〈君たちも、読みながら考えたのではないだろうか〉と読者の反論を予想し対話するかのように語っています。そして、五段落で、チョウの羽や木の葉を例にあげ、例外である**理由**を述べ、〈でも〉とその部分を除けば円柱形で構成されていることを説明しています。筆者の考えを納得させるためには、例外が少ないことが大切です。できれば例外はないほうがいいのですが、例外がある場合には、それをとりあげて説明したほうが、説得力があります。なお、ここで例外としてとりあげた羽や葉は、後でもう一度、今度は円柱形の例としてとりあげられて、読者が驚きをもって読める仕掛にもなっています。

◇生き物の基本が円柱形である理由

「つづき」の前半の五段落までは、〈生き物は円柱形〉になっている事例を出しながら筆者の考えを説明してきます。しかし、それだけでは、読者に考えを理解してもらうには、十分ではありません。そこで、「つづき」の後半の六段落からは、生き物が円柱形になることの長所を説明しています。生き物は、円柱形になったほうが生きるうえで好都合だという説明が加わることで、筆者の考えを一層説得力のあるものにしています。

この段階ではまだ、すべての生き物が円柱形だとは言い切ることはできません。そこで六段落では、〈仮に生き物の基本が円柱形だとすると〉という表現をしています。無理やり結論を押しつけるのではなく、このように**仮定**して語る論の進め方は、説得力をもちます。しかし、この後に筆者は〈理由があるにちがいない〉と断定しています。読者は、筆者とともに「円柱形であるとどんないい理由があるのだろう」と興味をもって読み進めることになるでしょう。

七段落では、〈実験してみよう〉と新聞紙で〈円柱形〉とそれ以外の形をつくって比較し、円柱形がよい理由を述べています。身近な新聞紙で実験しているので、五年生の読者が自分で簡単に実験することができます。読者に実際にやってもらうと納得してもらえます。こうした書き方も**説得の論法**です。

また、平面と〈円柱形〉を比較した後で、似たような〈角柱〉ではどうだろうという読者の考えを先取りするように論を進めています。ここでさらに〈円柱形〉のほうがより強いことを説明された読者は、円柱形は強いと納得することができます。

八段落では、〈円柱形は、強い形なのである〉〈生き物にとってたいへん重要なことだ〉と断定的な文末表現で円柱形のよさを**類比**しています。そのうえで、〈実は〉と、四段落で例外としてあげたチョウの羽や木の葉も〈円柱形が中にあることで〉〈広い形を保っている〉と挿絵も添えてわかりやすく説明しています。

ここで、チョウの〈翅脈《し》〉という言葉が出てきます。「翅」には、「鳥類や昆虫類のまっすぐのびた短い羽」という意味があります。漢字辞典を引かせてみてはどうでしょうか。羽を支えているように見えておもしろいです。

九段落では、理由の二つ目として〈円柱形は、強いだけでなく、速い形でもある〉と最初に円柱形のすぐれている理由を述べています。土の中を進むミミズや水の中を〈時速百キロメートルものスピードで泳ぐマグロ〉を例にあげ説明しています。具体的な数字は読者を説得するときに大切です。円柱形のすぐれている理由をくり返す（類比する）ことによって、生き物にとって円柱形という形が生きるうえで大切であるという説得力が増しています。

そして、十段落は、六段落に照応して〈円柱形は強い。円柱形は速い。だからこそ、生き物の体の基本となっているといっていいだろう〉と書かれています。〈仮に、生き物の基本が円柱形だとすると〉として読んできた読者も、なるほど生き物の基本となるには円柱形はよい形だと十分納得できます。生き物にとって強いことや速いことは、えさをとり敵から身を守るという生きるために有利な**条件**になっています。

◇共通性を見出すおもしろさ

「おわり」の十一段落では、一段落で述べた結論を変化・発展させながらくり返しています。まず、〈生物は実に多様である〉〈多様な生き物に囲まれているからこそ、わたしたちのくらしは、にぎやかで豊かなのだ〉〈多様さを知ることはとてもおもしろい〉と再び多様性のよさをくり返しています。次に、〈それと同時に、多様なものの中から共通性を見いだし、なぜ同じなのかを考えることも、実におもしろい〉と共通性を見出すこと、つまり《類比》する見方のおもしろさを述べています。一段落で述べた結論〈生き物は円柱形〉という考えは、まさに共通性を見る（《類比》する）見方です。そして、筆者とともに理由を考えてきた読者は、その見方や考え方が〈おもしろい〉と納得することができます。

生き物を《対比》することで、独自の生き方や進化を知ることができます。また、生き物を《類比》することで、生き物に共通するもの、生きるための本質が見えてきます。《比較》すること、つまり違いを比べる《対比》と同じところを比べる《類比》は、ものごとを見るときの基本になります。

（小林良子）

⑦ 古典の世界（一）・（二）

古文や漢文、近代以降の文語調の文章を扱う「伝統的な言語文化と国語の特質に関する事項」単元です。古典の世界（一）では、『竹取物語』『平家物語』『徒然草』『おくのほそ道』が、（二）では、『論語』・漢詩『春暁』が取り上げられています。これらは中学校でも学習する内容です。小学校高学年では、「内容の大体を知り、音読することで、その美しさや楽しさを感覚的に味わうこと」と学習指導要領では書かれています。音読中心でいいでしょう。また、学校行事・鑑賞教室で、能や狂言、人形浄瑠璃、歌舞伎、落語など伝統芸能を鑑賞することなどの機会があれば関連づけるといいでしょう。

（上西信夫）

❽きいて、きいて、きいてみよう

六七頁に「たいせつ・『聞くこと』で理解し合うには」とこの単元のポイントが要約されています。この「たいせつ」コーナーは、全体を通してコンパクトにまとめられていますから、学習のまとめやふりかえりに有効です。一〇頁の「教えて、あなたのこと」とあわせてこの単元をあつかってもいいでしょう。

（上西信夫）

❾広がる、つながる、わたしたちの読書

「事物のよさを多くの人に伝えるための文章を書く」言語活動単元です。自分が他の人に薦めたい本を取り上げ、ポスターやポップ（広告カード）、本の帯などにキャッチコピーをそえて推薦する活動です。推薦したり宣伝するためには、その本についてよく知る必要があります。確かな理由や根拠に裏付けられていることや、他のものと比較してよさをとらえることができるように指導する必要があります。

また、八四頁に「著作権について知ろう」というコーナーがあります。推薦文や報告文、意見文でも自分の考えを根拠付けたり、具体例を示したりするとき本や資料から必要な箇所を抜き出す「引用」という方法をとります。引用した文章の出典を明記することや、引用部分が適切な量になるように指導することも必要です。（上西信夫）

⑩「千年の釘にいどむ」（内藤誠吾）

◇仕掛のある書き出し

〈千年先のわたしたちの周りはどうなっているだろう〉という書き出しは、えっ、と読者に思わせる**仕掛**になっています。〈あのビル、あのマンション、そして、わたしたちの住んでいる家々。きっと、かげも形もないだろう。人間のつくったもので、千年以上先までそのままの形で残っているものを見つけるのは、きわめてむずかしいにちがいない〉。この文には、そういうことになるだろうなと、うなずけます。〈ところが、古代の人々はそれを成しとげた〉というと、どうしてだろうという驚きがあります。書き出しは、このように読者を驚かすような表現になっています。えっ、なんで、どうして、と思わせるような書き方を**仕掛**と言います。

もちろん、題名や書き出しで、古代の人々が千年以上先まで残るようなものを残したことが、この説明文の内容になっていることは推測されます。

奈良には千年をこえる古代建築物が三つもあります。〈コンピュータもブルドーザーもなかった時代に、古代の職人たちは千年たってもびくともしない建物をつくりあげたのだ〉と現代と比べながら、古代建築物のすごさが強調されています。現在つくられている日本の木造建物は、せいぜい三十年で建て替えられます。コンクリートの建造物でも、五十年程度といわれています。それに対して千三百年もそのまま残っていることは、すごいことです。

◇朽ちない工夫

千年をこえる古代建築物の一つに薬師寺があります。薬師寺再建には、一流の宮大工職人が投入されました。有名な西岡常一さんが棟梁として参加しました。そこで釘づくりを任されたのが四国の白鷹さんという職人です。この方に古代の釘を調べてもらって、なるべく古代のような釘をつくってほしいと委託したのです。白鷹幸伯さんは古代の釘をいろいろと調べました。調べたことが七六頁から書かれています。

木造建築が千年以上残った秘密の一つに〈古代の釘の見事さ〉があります。

今の釘はせいぜい五十年しかもちません。鉄はすぐさびます。さびると朽ちてボロボロになってしまいます。しかし、さびてもボロボロにならないものもあります。銅は青さびになります。さびは銅の表面を覆って、内部を保護する役割をします。ですから、銅板で屋根を葺くとかえって腐らないのです。

さて、古代の釘は写真にあるように大きなものです。三十センチメートルもあります。長くて大きな太い釘です。大きさも驚きですが、材料も違うのです。〈現代の鉄は、製鉄所で作られるときに大量生産と加工がしやすいように、いろいろなものが混ぜられる。つまり、鉄の純度が低いのだ〉ということです。鉄を叩くと、火花が散ります。それは炭素が混じっているからです。鉄を叩いて延ばし、焼いて叩くことをくり返すと、炭素が叩き出されて純度の高い鉄になります。〈純度の高い鉄は、さびにくい。千年たってもさびてくさらない〉のです。

くり返し鉄を叩いて延ばすことは、純度をあげるだけでなく別の効果もあります。

城の門にある鉄板は、一枚の鉄板からできていると思うでしょうが、あれは一枚の鉄の板を折って叩き、また折って叩いたものです。二倍が四倍、四倍が八倍、八倍が十六倍と何千枚という枚数に折られています。顕微鏡で見ると、そうなっていることがはっきりわかります。そうすると、自由に曲がりやすくなりますが、折れにくくなります。たとえば何枚も薄い板を重ねているベニヤ板は、曲がりやすく、折れにくいのです。同じように折り重ねた鉄板は非常に柔軟性があり、しかも、非常に強いのです。矢や鉄砲に対しても強いのです。そして、表面がさびても、二枚目からはさびが中へなかなか入ることができないのです。このように古代の釘も、何枚にも折られていますから、ボロボロになりにくいのです。

◇釘の形と工夫

釘の形も独特になっています。〈よく見ると不思議な形をしている。先からだんだん太くなって、頭の近くになるとまた細くなっている。そして、真ん中から先にかけては、表面がでこぼこしている。どうしてこんな形になっているのだろう〉と読者に問いかけています。こうした問いは、読者への**説得の論法**の一つです。木に打ち込んでいきますと、ヒノキのせんいは広がります。すると、〈打ちこんだときに釘とヒノキの間にわずかなすき間ができ〉ます。ところが、〈ヒノキのせんいには、圧縮されたら元の形にもどろうとする性質がある〉。木は弾力があるのです。〈ヒノキのせんいは元にもどろうとしてふくらむから、やがてすき間はうまって〉しまいます。ですから、〈仮に、頭の部分が空気や水にふれてさびてなくなったとしても、釘の本体はヒノキにぴったりとくっつき、確実に木をつなぐ役目を果たす〉ため、もう抜けません。ヒノキのせんいは、ぎゅっと縮めてもまた元へもどります。ヒノキにはそのような力があるのです。古代の釘職人たちは、このような木の性質をよく知っていました。だから、このようなものをつくることができたのです。

◇釘のかたさと工夫

〈釘のかたさにもひみつがある〉というのは、〈釘は、かたすぎてもやわらかすぎてもいけない。やわらかいと、しっかりヒノキにつきささらないし、かたすぎると、木のせんいや節をつぶしてしまう。釘がじょうぶでも、木をだめにしては、元も子もない〉ということです。そこで、〈鉄に炭素を混ぜてたたくと、かたさを変えられる〉から、〈炭素を混ぜる分量を少しずつ変えて実験して〉、ちょうどいいかたさになるようにします。いろいろと炭素の量を変えた鉄をつくって、それを釘にして打ち込んで試しているのです。そして、一番いいと思われるかたさのものをあつらえるのです。七九頁の写真を見てください。上の写真は非常にかたい釘を使っています。すると、釘は節を割って入っています。節を割って入ってくると木材は折れる危険性があります。ところが、軟らかな釘は、下の写真のように、くるっと節を避けて曲がっていくのです。もちろん、こうなると抜けなくなります。こんなことをよく考えてやったものだと思います。昔の人の知恵はすばらしい、ばかにならないと思います。

釘がだめになったら、結局は建造物がだめになります。古代の人々がつくった釘も木造建築物を千数百年間残すために大きな役割を果たしたということがわかります。ヒノキは、ある程度油を含んでいますから長もちする木です。古いヒノキの表面にカンナ一枚かけただけでも、香りがする生々しい木肌が出てきます。

釘一本、たかが釘一本なのに、これだけ見事なことが込められているというのが、この教材のおもしろいところです。

◇白鷹さんの仕事のすばらしさ

さて、この教材は、釘職人の白鷹幸伯さんが、古代の釘職人に負けないすばらしい釘づくりにいどんだ話です。それは題名の「千年の釘にいどむ」にもあるとおりです。

〈白鷹さんはまず、古代の釘と現代の釘が、どうちがうのかを調べることから〉始めます。〈調べてみて初めて、古代の釘の見事さ〉に驚くのです。そして、古代の釘に負けない釘をつくるためにさまざまな努力をします。本文から抜き出してみましょう。

〈白鷹さんは、現代の方法で作られた鉄を使っては、求めている釘を作ることはできないと思った。製鉄会社に相談して、特別に純度の高い鉄を用意してもらうことにした〉

〈白鷹さんは、次に、古代の釘の形に注目した〉そして、釘と木材の関係について〈白鷹さんは、調べてみて、おどろくべきことを発見した〉

〈白鷹さんは、形だけでなく、釘のかたさにもひみつがあることを発見した〉

〈白鷹さんは、納得のいく釘を完成させるまで、何本も何本も作り直した。薬師寺の工事が始まって、釘を宮大工の人たちにわたすようになってからも、改良を続けた〉

〈これまで二万四千本もの釘を作ってきた。それでも、白鷹さんは、もっといい釘を作ろうとしている〉

〈(千年も前のかじ) 職人たちに負けるわけにはいかないのだ〉

〈「……この釘を見たときに、おお、こいつもやりおるわいと思ってくれたらうれしいね。……これは職人というものの意地だね。」〉

白鷹さんは、古代の釘を調べ、そのすばらしさを発見します。そして、それをつくった古代の鍛冶職人に負けないものをつくろうとした白鷹さんの職人としての意地、すばらしさを味わいたいものです。また、よりすぐれた釘をつくるために材料、形、かたさなどの目の付けどころのたしかさにも着目したいと思います。これほどまでに仕事に立ち向かう情熱は、どうして生まれたのかを考えてほしいと思います。

◇仕事・労働について考える

釘一本をとってもこれほどすばらしい仕事をしているのです。建物を造るには材木、壁、瓦、石組、基礎、装飾などさまざまな仕事があります。その一つひとつの仕事のすべてがすばらしいものでなければ、千年たってもびくともしない建物はできません。これらのどれをとっても、その仕事について興味が尽きません。

法隆寺の改修工事に棟梁として関わった西岡常一さんが著した本や唐招提寺や東本願寺などの解体修理を記録した記録などは参考になると思います。読書単元ですから、関連した本をさがして読むことも学習計画に加えることができます。インターネットで釘など建物に関することを調べることもできます。

人間観を考えるうえで、仕事・労働は大きな役割をもっています。「労働によって人間は変革される」という労働の意味を教えることも大切なことです。子どもたちが将来や仕事に夢がもてないと言われています。白鷹さんの仕事に対する考え方や姿勢を学んで、仕事に対する興味や関心をもつことができればと願います。

(この項は、旧『指導ハンドブック高学年』の文章をもとに一部書き加えたものです。／藤井和壽)

【参考文献】『法隆寺を支えた木』(西岡常一　小原二郎・NHKブックス)
『木に学べ　法隆寺・薬師寺の美』(西岡常一・小学館)
『木のいのち木のこころ(天)』(西岡常一・草思社)

【「千年の釘にいどむ」まとめよみの指導案例】

◉ねらい　「白鷹さんがしたことのすばらしいところを見つけよう。」

Q1　白鷹さんが「考えたこと・言ったこと」と「したこと」を整理しましょう。

白鷹さんが考えたこと・言ったこと	白鷹さんがしたこと
まず、古代の釘と現代の釘が、どう違うのかを調べるところから始めた。	千年たってもびくともしない建物をつくるため、千年はもつ釘をつくろうとした。
白鷹さんは、現代の方法でつくられた鉄を使っては、求めている釘をつくることはできないと思った。	製鉄会社に相談して、特別に純度の高い鉄を用意してもらうことにした。
古代の釘の形に注目して、どうしてこんな形になっているのか疑問をもった。	調べてみて、ヒノキの性質を生かした釘の形になっていることを発見した。
釘のかたさと木の関係に注目した。	炭素を混ぜる分量を少しずつ変えて実験し、木に一番いい釘のかたさを発見した。

千年も前のかじ職人たちに負けるわけにはいかないのだ。
自分のつくった釘が千年先まで残り、そのときのかじ職人にほめられるものにしたい。これは職人というものの意地だ。

白鷹さんは、納得のいく釘を完成させるまで、何本もつくり直した。薬師寺の工事が始まって、釘を宮大工に渡すようになってからも、改良を続けた。これまで二万四千本もの釘をつくってきた。それでも、白鷹さんは、もっといい釘をつくろうとした。

Q２　白鷹さんが考えたこと・言ったことで気がついたことがありますか。
・千年先まで残したいという強い気持ち・意地
・いい釘をつくるために疑問をもったり、考えたりしている。
Q３　白鷹さんがしたことで、何が類比されて（くり返されて）いますか。
・古代のかじ職人に負けないいい釘をつくろうとしたこと
そのために
・古代の釘を調査し、すぐれたところを見つけた。
・実験して古代の釘に近いものを見つけようとした。
・いい釘をつくるために納得いくまで改良を続けた。
Q４　白鷹さんからどんなことが学べましたか。（自分の生活や生き方とつなげて考えさせる。典型化の発問）

⑪ 次への一歩――活動報告書

「自分の課題について調べ、意見を記述した文章や活動を報告した文章などを書いたり編集する」言語活動単元です。活動報告書の構成は九〇頁にあるように、①活動計画　②活動内容　③活動して考えたこと（考察）　④今後の活動　となります。ここでは①②の「事実」と③の「考え」を示す文末を区別して書くように留意します。

（上西信夫）

⑫ 「からたちの花」（北原白秋）

◇自然描写を想像するだけでいいのか

教科書には〈詩にえがかれた様子を想像しながら、読み味わいましょう〉という学習課題（めあて）が書かれています。しかし、単純な自然描写を想像するだけで詩のおもしろさを味わうことができるのでしょうか。

二連で考えてみましょう。

〈からたちのとげはいたいよ。／青い青い針のとげだよ〉

この様子を想像すると、からたちは白いかわいい花をつけているけれども、大きなとげをもっているからそれに触るととても痛いよ、青い色をした若々しいとげだよ、といったことになるでしょうか。このように事物の様子を想像するだけでは読み味わうこと、つまりおもしろく深く味わうことはできないのではないでしょうか。

では、どのように読むとおもしろく、味わい深く読めるのでしょうか。

◇たとえておもしろく読む

ものごとや人物・人間社会を〈からたち〉にたとえて表現（比喩）しているのではないかと考えて読んでみてはどうでしょうか。例えばからたちの〈とげ〉を比喩として読んでみましょう。からたちのとげには、鋭い針で刺す・怖い・恐ろしい・苦しめるというイメージがあります。そのイメージと重ねることができるものごとでたとえることができます。

一連に返りましょう。からたちの花が、〈白い白い〉と重ね言葉で表現されています。白いことが強調されています。〈白い白い〉からたちの花は、かわいい・混じりけがない・美しいものというイメージになります。それに、からたちの花には甘い香りもありますから、心をいやし、親しみが持てるイメージもします。からたち（たとえられるもの）を人にたとえると純粋、誠実な、心美しい、心いやし、親しみが持てる人（たとえるもの）となるでしょう。

二連には、それと対比するイメージがあります。からたちは、人を刺し、傷つけ、痛め、苦しめる面もあるとイメージできます。からたちを人にたとえる（比喩する）と、人（自分）の心を刺し、苦しめる人と読めましょう。

一・二連を合わせて読めば、周りには「わたし」（自分）の心をいやしてくれる人もいれば、「わたし」（自分）の心を刺すように傷つける人もいると読むことができます。

三連を見てみましょう。からたちはとげをもつため、畑を守る垣根になっています。比喩として読めば、畑を守るように人（自分）を守るものというイメージもします。からたちの垣根は、〈いつもいつもとおる道〉にあります。当たり前のようにいつもあるものには、案外その良さに気がつかないものです。気がつかないけれど、誰かがいつも人（自分）を守ってくれている、垣根になってくれているとも読めます。

からたちには、とげで自分を傷つけるものというイメージと同時にとげで自分を守ってくれるというイメージがあります。からたちには矛盾する二重のイメージがあります。ここにおもしろさ（美）があります。

四連は、からたちの花も時がたてば、やがて〈まろいまろい〉角のない、やさしい、価値のある金のたまを実につけ、恵みをくれるものになるとも読めます。

五連の〈からたちのそばで泣いたよ。／みんなみんなやさしかったよ〉の中の〈泣いた〉には、「心を痛めてつらくて泣いた」ことがあるとも読めます。そんな自分が、「みんなに慰められ、励まされたやさしさに泣いた」とも読めます。このように〈泣いた〉を二重のイメージで読むとおもしろいと思います。

六連は一連と同じ表現がくり返され首尾照応しています。この表現方法によって、春の終わりごろにからたちの花が咲き、秋には実をつける、また春には花が咲くことが毎年のように繰り返されというイメージになります。その間には楽しいことやつらいことを経験しながら通って行かなければなりません。苦しくつらいときでもみんなからやさしくされ、「わたし」も、だんだんと〈まろいまろい金のたま〉に実っていくことができると言っているようです。未来への希望・勇気を感じとることができる詩です。

どの行の文末も、すべて〈よ〉がついています。これがあることによって、詩全体がやわらかく・やさしく感じます。〈とげ〉がある世界でも、やさしさに包まれ、未来に進んでいける希望を感じさせる効果があります。

四連の〈からたちも〉の〈も〉に着目したいと思います。〈も〉には、からたちだけでなく、「わたし」も人間だれでも、というイメージがあります。

ですから、からたちを人にたとえて、比喩として読み進めると、読者である自分にもおきかえ**（典型化）**読んでいくことができます。

ここまでは、**視点人物**の「わたし」が、**対象**である「からたち」を見ているように読んできました。そうではなしに、「わたし」**（視点人物）**を「からたち」と重ねて（置き換えて）読むこともできます。つまり「からたち」を「わたし」の比喩として読むということです。やさしい自分、とげある自分、成熟する自分と成長・変化していく「わたし」をイメージすることができます。このように多様に、おもしろく読むことに挑戦してみてはいかがでしょうか。

◇この詩と曲が作られたいきさつとつなげて

この詩に山田耕筰が曲をつけ、テノール歌手藤原義江が歌い、ヒットしたため「からたちの花」は広く知られるようになりました。山田耕筰は『自伝　若き日の狂詩曲』の中で次のように書いています。

〈からたちの、白い花、青い棘、そしてあのまろい金の実、それは自営館生活における私のノスタルジアだ。そのノスタルジアが白秋によって詩化され、あの歌となったのだ〉

山田耕筰が現実に体験したことをもとにこの詩が生まれたこと、からたちを単なる自然形象として歌ったものではないことを示唆しています。

また、この詩を書いた北原白秋は、「邪宗門」で詩に対する考えを次のように書いています。

〈詩の生命は暗示にして単なる事象の説明に非ず〉

単に風景の様子を想像するだけではいけないと論じています。

「からたちの花」も当然、その詩論に基づいて作られたと考えるのが自然でしょう。

五年生には、比喩の理解はできます。高学年ともなれば、知的な好奇心が強くなります。単なる〈様子を想像する〉だけでなく、比喩として読ませてみてはどうでしょうか。

比喩を学習するときには、「たとえるもの」と「たとえられるもの」をはっきりさせること、比喩は共通するイメージ・意味でつなぐ（《関連》させる）ことで成り立っていること、その二つのことを押さえてください。

この詩は、歌になっています。ですから、各連とも五・七音、六・七音で書かれています。各連の後ろの行に重ね言葉あがります。そのため読むとリズムが生まれます。

また、各行のはじめの音が全てa音とi音で統一され、繰り返されています（頭韻と言います）。また、各行の終わりが〈よ〉になって、繰り返されています（脚韻と言います）。これもリズム感や詩の一体感をもたらす効果があります。読んで、歌って体感しましょう。（藤井和壽）

⑬日常を十七音で

生活の中で気づいたことや驚いたことを、俳句にして伝えようという単元です。中学年でも一通り学んできていますが、五・七・五の十七音、季語（季語重なりの排除）はもとより、取り合わせ（月並みの排除）、見立て、切れ字など、五年生では本格的に俳句作りのイロハを理解し、創作します。句会のやり方などを取り入れると、楽しく且つ緊張感を持って学習することができるでしょう。

俳句作りの学習で留意したいことは、感動を表現することとあわせて、俳句が本来持っている言葉遊び的な要素も楽しむということです。短歌や俳句は、定型で表現すること自体が、基本的には言葉遊びなのです。短歌には掛詞、縁語、序詞、比喩などの伝統的な技法が駆使されています。俳句でも言葉遊びにつながる技法が特徴です。一〇〇頁に「感動を伝えるために、どのような工夫をしますか」とあり、①比喩　②声喩　③対比　④順序（句またがり）⑤表記　⑥助詞の表現の**工夫**の例が示されています。

「柿くへば鐘が鳴るなり法隆寺」という正岡子規のよく知られた俳句の場合、「柿」と「法隆寺」の取り合わせ。風吹けば、桶屋が儲かる的な謎解きのおもしろさ。カキとカネの頭韻の反復と、この句は作者が言葉をよく遊んだものといえるでしょう。西郷文芸学では、異質な（あるいは異次元の）矛盾するものを止揚・統合する弁証法的な構造の発見・創造・体験・認識を**文芸における美（おもしろさ・味わい）**と定義しています。子規の先の句は、俗なるものの「柿」と、聖なるもの「法隆寺」の異質なものが一つに溶け合った（止揚・統合）世界といえます。

（上西信夫）

（この項『坪内稔典の俳句の授業』坪内稔典著・黎明書房／『名句の美学』西郷竹彦著・黎明書房／『子どもと楽しむ俳句教室』金子兜太監修・誠文堂新光社を参照。）

14 明日をつくるわたしたち

「次への一歩」（活動報告書）に続き「自分の課題について調べ、意見を記述した文章や活動を報告した文章などを書いたり編集する（提案書）」言語活動単元です。

学習指導要領・総説で「思考力・判断力・表現力の育成」が強調されています。文芸研では、認識力と想像力（心情や願望、欲求を理解できる共感能力）、表現力を育てることを国語教育の目的と規定しています。認識力・表現力・想像力を育てることが能動的な市民＝変革の主体を育てることにつながります。教育の場で能動的であるためには、教室を外部世界と連続的につながる現実的な空間にしなければなりません。総合学習の意義はこのところにあったはずです。

この単元は、その意味で「子どもの権利条約」における「意見表明権」につながる、ダイナミックな学習になる可能性を持っています。その好例が東日本大震災で罹災した石巻市雄勝地域の徳水博志先生（宮城文芸研）の実践です。津波で壊滅的な打撃を受けた雄勝小学校の六年生が、街の復興プランを考え、提案し一部行政の復興計画に採用された提案書の実践です。

（『ぼくたちわたしたちが考える復興・夢を乗せて』日本児童教育振興財団／『文芸教育』九五・九六・九七号・新読書社　を参照してください）

（上西信夫）

⑮「大造じいさんとガン」（椋　鳩十）

◇五年の課題　選択――効果的な表現を学ばせる

椋鳩十さんは、児童文学の第一人者です。この作品は、この作家の作風、スタイルがよく表れているものの一つだと思います。

五年では表現上の言葉の使い方の特徴をつかむことも課題の一つとなります。たとえば、なぜ敬体なのか、なぜ常体なのかということや、なぜこのような言葉の使い方をしたのかが問題になります。

この物語では、〈頭領〉〈あかつきの光〉〈近づかぬがよいぞ〉など、漢語や和語、文語調の語りが**選択**されています。たとえば〈頭領〉の代わりに「リーダー」という言葉が使われていたり、〈あかつきの光〉の代わりに「朝日」という言葉が使われていたりしたらどうでしょう。大造じいさんの人物像や場のイメージ、さらには作品全体のイメージまでもが変わったものになるでしょう。また、次の項で述べますが色彩語の選択も特徴的であり、非常に効果的に使われています。言葉の選択によって、読者は大造じいさんの古武士的な人物像をイメージしたり、大造じいさんと残雪の関係が、あたかも武将対武将の潔く美しい戦いのように感じられたりするのです。

また、西郷会長が作者の椋鳩十さんに「なぜ敬体にしたのか」と直接聞いたところ、「やはり敬体のほうが親しみやすいからだ。それに常体だと文章がぶっきらぼうになるから敬体にしたのだ。」と答えられたそうです。この作品は語りものですが、語りものの場合、敬体のほうがふさわしいのではないかと思います。もちろん常体には、常体のよさがあることは言うまでもありません。

どのような言葉を選択しているのか、また、そのような言葉を選択することで、どのような効果が生まれるのかといったことを考えることは高学年の課題と言えるでしょう。

◇色彩語の効果的な選択

「大造じいさんとガン」は、作家椋鳩十の典型的な作風・スタイルをもっている作品の一つです。それは、いろいろな面に言えますが、一つは、色彩が、ある傾向をもって使われていることです。書き出しのところに〈真っ白な交じり毛をもっていた〉残雪というガンが登場してきます。大造じいさんとガンの出会いから結末に至るまで、物語のそれぞれの場面が、美しい色彩で彩られていることがわかります。

たとえば、〈秋の日が、美しくかがやいていました〉という表現があります。その美しさがあって、残雪と再び出会うところでは、〈あかつきの光が、小屋の中にすがすがしく流れこんできました〉とあります。この〈あかつきの光〉で大切なのは、あかつきの色です。明け方の赤い色彩です。あかつきの光の色彩を思い浮かべながら読んでほしいと思います。そのあかつきの赤い光の中に〈黒く点々と〉ガンの群れがやってくるところから始まります。

それから、第三章の残雪と再び出会うところでは、〈大造じいさんは、青くすんだ空を見上げながら、にっこりとしました〉とあり、青く澄んだ空を背景に〈「さあ、いよいよ戦とう開始だ。」〉というところでまた〈東の空が真っ赤に燃えて、朝が来ました〉という表現が続いています。そして、〈残雪は、いつものように群れの先頭に立って、美しい朝の空を、真一文字に横切ってやって来ました〉と続きます。このように非常に美しい色彩感が作品の中にあります。それから、〈ガンの群れを目がけて、白い雲の辺りから、何か一直線に落ちてきました〉とあり、ハヤブサが登場します。そして、ハヤブサとガンの一騎打ちが始まります。その前におとりのガンとの場面があります。おとりのガンがにげていく道をさえぎって、ハヤブサが〈パーンと一けり〉するところでは、〈ぱっと、白い羽毛があかつきの空に光って散りました〉と表現されています。おとりのガンを仲間だと思って、残雪はそれを救うためにハヤブサの前に立ちふさがります。〈ハヤブサも、さるものです。さっと体勢を整えると、残雪のむな元に飛びこみました。ぱっ　ぱっ　羽が白い花弁のように、すんだ空に飛び散りました〉。そして、〈残雪は、むねの辺りをくれないにそめ〉ます。「まっ赤にそめて」ではなく、〈くれないにそめて〉とあります。これが戦いの場面です。非常に鮮烈な色彩感です。

最後の場面では、〈ある晴れた春の朝〉、〈おりのふたをいっぱいに開けて〉やると、残雪は、〈とつぜんに広がった世界におどろいたようでありました。が、パシッ。快い羽音一番、一直線に空へ飛び上がりました〉。〈らんまんとさいたスモモの花が〉の〈スモモの花〉は、白い花ですから、〈らんまんとさいたスモモの花〉といえば、まっ白な花が一面に咲いているという色彩感を思い浮かべてほしいのです。そのまっ白の花が〈その羽にふれて、雪のように清らかに、はらはらと散〉るのです。

このように見ていくと、「大造じいさんとガン」という作品の要所要所に、非常に澄んだ、さわやかな、明るい透明な色彩感をもった場面がいくつもあります。これは椋さんの作品の一つの具体的な特徴といえます。そして、大和絵や錦絵を見ているように中間色がなく、白・

黒・赤が中心になっています。茶・灰色といった中間色がほとんど出てこないのです。このように、この作品では色彩語の効果的な選択が行われています。

◇作家の独自な世界をつくり出す色彩語

西郷会長が、椋さんの色彩語を調べるために椋さんの『全集』を調べたときのことを書いた文章を引用します。

片っ端から、ただ機械的に、色彩語を調べました。三、四日かかったと思います。先に述べたようにいわゆる中間色とか、にごった色がないのです。透明な色、色彩がその多くを占めていました。その中で、黄金の色（金色）が多くありました。ヒーローの最後の美しい場面で金色の美しい陽がさすとか、金色という色彩がよく使われていました。また、鹿のような動物の目の色をぶどう色に、まっ赤な色は、英雄的な場面という意味をもっていました。

色彩だけを見ても、椋鳩十の世界が、どういう世界かよくわかるのです。ちなみに芭蕉も調べましたが、芭蕉が使う色彩は白がほとんどです。〈声まで白し〉とか、〈石山の石より白し秋の風〉というものもあります。

とにかく白がよく使われていました。清らかで、そこには孤独感・寂寥感・悲しさ・哀れも入ってくるような色彩が多いのです。

井上靖の場合は、青です。『蒼き狼』などは、題名からしてすでにそうです。井上靖は、詩人として出発しましたが、詩集などは、青と白ばかりです。

このように、だいたいの日本の古典の作家、また伝統をひいている作家たちは、白・青という傾向が多いように思います。そうしますと、日本文学の色彩感が何となく見えてきます。〈あはれ〉〈さび〉〈しほり〉とか言われている芭蕉の世界が色彩ひとつ見てもいろいろとわかってきます。色彩は、イメージを形成する上で、非常に大事な要素です。それだけに、色彩の傾向が、作家の作風とか、文芸の伝統を象徴しているように思います。

五年生でも、その場面の情景を彩っている色彩、それから人物を彩っている色彩を見ていくと、その色彩のもっている意味をとらえることができると思います。

(旧『指導ハンドブック高学年』)

◇前書きについて

「大造じいさんとガン」は多くの教科書に載っています。しかし、前書きがあるのは光村の教科書だけです。この作品には、もともと前書きがあります。なぜ前書きがあるのでしょう。〈知り合いのかりゅうどにさそわれて、わたしは、イノシシがりに出かけました〉ということは、〈わたし〉という人物がかりゅうどとは違うことがわかります。〈イノシシがりの人々は、みな栗野岳のふもとの、大造じいさんの家に集まりました〉とありますから、大造じいさんは、かりゅうどの仲間うちでは、一目おかれた人物であることもわかります。だから、みんなが大造じいさんのところに集まってくるのだなというわけもわかります。

〈じいさんは、七十二さいだというのに、こしひとつ曲がっていない、元気な老かりゅうどでした。そして、かりゅうどのだれもがそうであるように、なかなか話し上手の人でした。血管のふくれたがんじょうな手を、いろりのたき火にかざしながら、それからそれと、愉快なかりの話をしてくれました〉。この文から、大造じいさんの人柄がわかってきます。なかなかの話し上手で、しかも愉快な話をするというと、読者も期待をもちます。その話の中に、〈今から、三十五、六年も前、まだ栗野岳のふもとのぬま地に、ガンがさかんに来たころの、ガンがりの話もありました。わたしは、その折の話を土台として〉、この物語が書かれたことになります。このように前書きがありますと、読者は本文の中の主人公が、三十代の血気盛んなときの話とわかります。

この前書きがないまま、「大造じいさん」「大造じいさん」と強調すると、読者は、本文の話の中に出てくる人物はじいさんだと思い込んでしまいます。実際、挿絵にじいさんを描いているものもあります。じいさんでは、具合が悪いと思ったのか、全部後ろ向きになっているという挿絵もあります。苦肉の策をとったのでしょう。光村の教科書の挿絵も後ろ向きに描かれています。

〈さあ、大きな丸太がパチパチと燃え上がり、しょうじには自在かぎとなべのかげがうつり、すがすがしい木のにおいのするけむりの立ちこめている〉と書くことによって、舞台背景が語られ、読者は作品の舞台の中にすんなりと入っていくことができます。このような働きによって、舞台に大造じいさんとガンが登場することになります。

前書きも作品の中の不可欠な構成要素なのです。これをカットするのはよくありません。椋鳩十さんが原稿を雑誌社に渡したときには、前書きがついていました。ところが、なぜかその編集者によって前書きがカットされたまま雑誌に載せられました。そのために、この雑誌に載ったものは、前書きのない本文だけになったのです。

今は、ガン狩りは禁止されています。その頃はまだ禁止されていませんでした。そんな時代の話だということも前書きでわかります。

ですから、前書きがあるから本文の話がずっと前の話とわかるのです。

◇相関的な見方・考え方を学ばせる

この作品には多くの情景描写が用いられています。情景描写は大造じいさんと残雪の人物像、その人間関係を彩るものとなっています。たとえば〈東の空が真っ赤に燃えて、朝が来ました〉というのは、客観的な日の出の風景ではありません。**視点人物**である大造じいさんの心情を反映した情景です。燃える朝は大造じいさんの燃える心も表し、そのような心情で残雪に向き合おうとしている大造じいさんの人物像も読みとることができるのです。このように情景描写は人物像と密接な**相関関係**をもっているのです。つまり、この情景は単に背景としてとらえるのではなく、それらが大造じいさんと残雪の人物像を彩っているという**相関的**なとらえ方が大事だということです。

叙事が文語調になっているところもたくさんあります。たとえば〈不意を打たれて、さすがのハヤブサも〉〈ハヤブサも、さるものです〉〈残雪のむな元に飛びこみました〉のようなところです。また、〈むねの辺りをくれないにそめて〉〈快い羽音一番〉〈らんまんとさいたスモモの花〉にしても文語調になっています。これらの文語調は、言ってみれば古武士的な大造じいさんと、英雄的な残雪のイメージを彩るものであると相関的にとらえることが必要です。

大造じいさんという人物をとらえるために、大造じいさんのしていること、言っていることを見ていくのは当然です。人物をとらえるときには、人間認識の一つの方法として、何よりも人物が何をしたか、何を言ったかを気をつけて見ていく、考えていくということを低学年からずっとくり返しやります。この教材の場合でもそれを復習的にやりますが、新しい課題として、情景や文章体との相関関係において人物をとらえることが加わってくるということです。

また、残雪のイメージはそのまま大造じいさんのイメージになっています。ここに書かれている残雪の像、残雪のイメージは、語り手が、他ならぬ大造じいさんの目と心に寄りそって語っている残雪の像です。大造じいさんの目と心に残雪がどのように映っているかということです。大造じいさんの残雪に対する見方は〈たかが鳥〉、〈たいしたちえを持っている〉、〈鳥とはいいえ、いかにも頭領らしい〉、〈ガンの英雄〉と変わっていき、だんだんと**人物化**されていきます。残雪は、はじめから一貫して「ただの鳥」として描かれているにもかかわらず、大造じいさんの見方が変わっているのです。大造じいさんが、そのように見方を変えることができる人物だからこそ、残雪の見方が変わっていったと言えるでしょう。大造じいさんと残雪は別々の存在ですが、イメージのうえでは、互いにひびき合っています。大造じいさんが残雪をどう見ているかということを考えるなかで、大造じいさんがどんな人物であるかを相関的にとらえることができるのです。

情景描写、文章体、大造じいさんと残雪のイメージ、の三つの相関的な見方・考え方をこの教材で育て、学ばせることによって作品の主題にせまることができますし、大造じいさんとガンの人間関係が浮かびあがってくることにもなるのです。

◇残雪は人物なのか

残雪は人物かということが問題になることがあります。文芸研では、「人間はもちろん、人間ではないもの（異類）でも、人間のように思ったり、考えたり、言ったり、したりするものは、人物である。」と定義しています。

この定義からすると、残雪は人物であると言うことはできません。なぜなら残雪が「人間のように考えたり、言ったり、したり」する場面は出てこないからです。しかし、読者は一人の人物として見ているような気持ちになります。

これは、この物語が大造じいさんの目と心に寄りそって書かれているからなのです。〈それは、鳥とはいえ、いかにも頭領らしい、堂々たる態度のようでありました。大造じいさんが手をのばしても、残雪は、もうじたばたさわぎませんでした。それは最期の時を感じて、せめて頭領としてのいげんをきずつけまいと努力しているようでもありました。大造じいさんは、強く心を打たれて、ただの鳥に対しているような気がしませんでした〉のところは典型的で、ただの鳥だけれども、それはまるで人格化されたもの、人物として見ている大造じいさんの目と心がそこにあります。この物語が大造じいさんの目と心に寄りそって書かれているため、読者も大造じいさんの目と心を通して残雪を見ていきます。ですから、大造じいさんがただの鳥に対しているような気がしないというようになったとき、読者もまた、ただの鳥ではなくて一人の人物として見ているような気持ちになるのです。そして最後の見送る場面でも〈「おうい、ガンの英雄よ。」〉と言っていますから、鳥と見ているのは確かですが〈英雄よ〉とか、〈おまえみたいなえらぶつを〉というところからは、よき敵、好敵手という見方にまでなっています。大造じいさんの**視角**からとらえられている残雪は、まさに人物として描き出されています。

読者は大造じいさんの**内の目**に寄りそって残雪を見る**同化体験**や**外の目**で残雪を見る**異化体験**をすることで、「ただの鳥であって、ただの鳥ではない」という**矛盾**するイメージを同時に体験することができるのです。ですから「残雪は人物かどうか。」という問いに答えるとするならば「大造じいさんの《内の目》で見ると次第に人物になっていっているし、読者の《外の目》で見ると人物ではない。」ということになるでしょう。

そして、この矛盾するイメージを体験し、残雪を人物化して見ていった（相手の見方を変えていった）大造じいさんの人物像を考え、さらには「相手との関わりのなかで、相手を理解し、自分の見方・考え方をよりよく変えていくことが自己変革になる」という認識を育てることが重要になるのです。

（この項は、旧『指導ハンドブック高学年』の文章をもとに一部書き加えたものです。／石田哲也）

【参考文献】『全集23巻』（恒文社）

【「大造じいさんとガン」まとめよみの指導案例】

◉ねらい

・残雪を人物と見る大造じいさんの人物像をひびき合わせて（《相関》的に）とらえさせる。

・文体と人物像は、ひびき合って（《相関》して）いることに気づかせる。

◉授業展開

Q1　話者の《外の目》で見たら、残雪は何ですか。

・ただの鳥（人物ではない）

Q2　大造じいさんから見た（《内の目》で見た）ら、残雪は、どのように変わってきましたか。

（残雪を人物として見ていく過程、獲物と猟師の関係から人間と人間の関係へ）

一場面　ガンの頭領らしい、なかなかりこうなやつ、たかが鳥、たいしたちえをもっている

二場面　かれの本能は、そう感じたらしいのです。

三場面　鳥とはいえ、いかにも頭領らしい、ただの鳥に対しているような気がしない

四場面　ガンの英雄、えらぶつ、おれたちも

・ただの鳥でありながら、ただの鳥ではない英雄である。（矛盾する・美の構造）

Q3　残雪への見方を変えていった大造じいさんはどんな人物のように思えますか。

・おとりを助ける残雪の行為に共感する人間性をもった人物。

・すぐれた狩人だからこそ残雪の行為に共感できた。

・プライドをもって互いに知恵を出し合って戦おうとする狩人。

Q4　文体は大造じいさんの人物像をどのように彩っていますか。

・古風で力強い漢語・文語調表現・慣用句、常体、濁りのない色彩語、美しさを生み出す比喩、歯切れのいい比喩によって、古武士のような威厳や狩人のプロとしての誇りを表している。

Q5　友だちや周りの人に対する見方が変わったことで、関係が変わったり、自分が成長したりしたことはありませんか。（《典型化》のための発問）

16「天気を予想する」（武田康男）

◇指導の目標（めあて）

「説明のしかたの工夫を見つけ、話し合おう」という単元になっています。そして、〈筆者は、どのような意図で文章を構成し、図表やグラフ、写真を用いたのだろう。説明のしかたの工夫に着目しながら、文章を読み、話し合おう〉と、この説明文の指導内容が具体的に示されています。読者にわかりやすく読んでもらうための表現の工夫は、**説得の論法**ともいいます。

◇題名は明確に、書き出しには仕掛が

この「天気を予想する」という題名が筆者の**観点**を示しています。なるべくわかりやすく説明するというのが説明文の本質ですから、題名もできるだけ説明文の主題、テーマをはっきりさせるような題名がよいということになります。

一四五頁の欄外に筆者の紹介があります。筆者は気象予報士であり、天気の予報をする専門家です。どんな筆者であるのかを知ることによって、読者の信頼感は増します。また、最近は、インターネットなどで筆者名を検索すれば、筆者のくわしい紹介や著作もわかり、学習を広げることもできます。〈この文章は、二〇〇八年に書かれ、二〇一二年に改稿された〉とあります。こうした科学の分野は急速に発達していますから、書かれた年も信頼性につながって

いきます。

読者である子どもたちにとっても天気予報はテレビなどでよく目にしており、なじみがあります。しかし、どのように天気を予想しているかはわからないことも多いので、「天気を予想する」という題名には、興味をもつでしょう（**仕掛**）。

天気の話は極めて身近な話題です。私たちの日常の暮らしのなかでも天気の予想が必要になる場合はたくさんあります。また、集中豪雨や台風などで、命や財産を失う場合もあります。命や暮らしを守るためにも「天気を予想する」ことは必要です。

それだけでなく、現代は、天気予報がイベントの日を設定する場合や商品の製造をどのくらいにするかを計画するうえでも欠かせない情報になっています。天気の長期・短期予報の精度をあげることがますます求められています。

【一段落】

〈新聞やテレビなどで知る天気予報は、以前に比べ、的中することがずいぶん増えてきました〉という書き出しで始まります。どうして的中するようになったのかと読者の興味・関心を引く書き出しになっています。そこで筆者は、子どもたちにもわかりやすくするために、データを表で示しています。この表を使い説明することで、より説得性をもたせています。表があると一目で、五年ごとに的中率が徐々にあがっているのがわかります。読者自身が表で確かめて筆者が述べていることの正しさを確認することができます。また、この表を見ることで、的中率がこのままあがり続けるのではないかと、読者が推測するような仕掛にもなっています。

その事実に基づき、読者の思いを予想するように〈的中率は、どうして高くなったのでしょうか〉と問題提起をしています。これは、この説明文の観点でもあり、読者に「どうしてだろう。」という興味をもたせる仕掛にもなっています。

この後の表現は、〈それは、主に、次の二つの理由によるものといえます〉となっていて、読者に二つの理由を読みとろうとする構えをつくらせています。

◇天気予報の的中率をあげるための努力

【二段落】

この段落には、一段落の問いを受けての答え（**理由**）が書かれています。一つ目の理由は、〈一つは、科学技術の進歩です〉というふうに、結論を先に書き、簡潔でわかりやすく表現されています。

その根拠になる科学技術の進歩が具体的に書かれています。まず、〈アメダスの観測装置〉による測定が書かれ、〈また〉という接続語を用いて二つ目の〈気象レーダー〉による測定が書かれ、〈他にも〉という接続語を用いて三つ目の〈気球や人工衛星〉による測定が書かれています。ここでは、〈約千三百か所〉〈八百四十か所〉〈二十か所〉〈半径約三百キロメートル〉など数字が多く用いられていることで、たくさんのところに観測装置が設置されきめ細かく観測されていることが、読者に印象づけられます。数字を用いていることも読者への説得力を増す**説得の論法**の一つです。また、三つの観測装置を出すことによって、多重に観測し、天気予報の確率を高めていることがよくわかります。

また、気象レーダーとアメダスの観測装置の写真が載せられています。三つの中から二つが選ばれたのは、読者の子どもたちには気球や人工衛星より、この二つがなじみが少ないからでしょう。読者にあまりなじみのない装置でも写真を使えば、言葉で説明するよりはっきりとわかります。

アメダス・気象レーダー・人工衛星は、情報を集める手段です。それらから集めたさまざまなデータをスーパーコンピュータで処理していきます。それらを、過去のデータと比べて情報集約処理することで、〈より速く〉〈正確に〉予想していることがわかり、天気予報に関する科学技術のすばらしさに目を見張ることでしょう。

【三段落】

〈もう一つの理由〉は、〈国際的な協力の実現です〉とあり、前の段落で日本の多くの所でさまざまな方法を使って観測をしていることを知った読者は、なぜ国際協力が必要なのかと疑問をもって読み進めていくことになります。

次に〈日本の天気の変化には、遠くはなれた陸地や海上の状態がえいきょうします〉〈そのため、地球全体の大気の様子を知る必要があり、国境を越えた取り組みが不可欠〉と述べています。では、どのようにして調べるのだろうという新しい興味が生まれるのではないでしょうか。それに対して、〈二〇一二年現在、気球による観測〉は、なんと〈世界約九百か所〉で、しかも、〈同時刻〉に行われているという事実が紹介されています。また、〈赤道上空約三万六千キロメートル〉から〈十機ほどの静止気象衛星が、地球をおおっている雲を広いはんいでうつし出している〉という事実も述べられています。それらを知ると、読者は、その情報網のすごさに驚くことでしょう。しかも、十機ほどのうちの二機を受けもつぐらいだから、日本の技術力の高さも知ることになるでしょう。

この段落でも、二枚の写真を載せています。あまりなじみのない静止気象衛星と静止気象衛星からの写真を載せることで文章では表現しにくい雲の流れなどがよくわかります。

二つの理由を読んだ読者としては、これでますます的中率があがると考えるのではないでしょうか。そのことを受けて四段落が構成されています。

◇的中率が百パーセントにならない理由

【四段落】

〈科学技術〉の進歩や〈国際的な協力〉が、さらに進んでも〈天気予報は百パーセント的中する〉ことは、〈かなりむずかしいというのが、現在のわたしの考えです〉と、筆者は述べています。読者の楽観的な予想をくつがえすことになります。このことで、次の文を興味をもって読ませるようにしています。

自分の考えていることを〈現在のわたしの考え〉と限定して述べています。科学者らしい書きぶりです。

今までの科学技術では、百パーセントにならないと考える根拠を次の五段落で述べています。

【五段落】

〈天気の予想をむずかしくしている要因の一つ〉である〈突発的な天気の変化〉の発生の推移が、グラフを用いて述べられています。このグラフでは、十年間を平均しています。平均値を見ると確実に突発的な天気の発生回数が増えているのがわかります。ということは、予想が立てにくいということです。このような短い時間の非常にはげしい雨は、積乱雲によって起こります。積乱雲は〈数十分のうちに急速に発達する〉という特性をもっており〈いつはげしく雨がふりだすのかを正確に予想するのはとてもむずかしい〉ということが、文章だけでなくグラフを読むことでも、よく理解ができます。グラフをつけることも説得のための工夫です。

【六段落】

予想をむずかしくしているもう一つの要因が述べられています。〈局地的な天気の変化〉です。日本の複雑な地形の条件から風や雲の動きがとらえにくい理由が詳しく説明されています。〈四方を海に囲まれていて、さまざまな風〉が吹くこと、また、〈山が多く、地形の変化に富んで〉いること。そのため〈風や雲の動きが複雑〉で、〈山を一つこえただけで天気がことなることが、しばしば〉あることが述べられています。だから〈広いはんいの風や雲の動きは分かっても、せまいはんいでは、それがどこでどのように変化するのか、予想するのは簡単ではありません〉といわれると、では、どうにもできないのだろうかと、読者は思ってしまいます。

◇的中率をあげる先人の知恵

【七段落】

その疑問を推し量るように、七段落で、〈突発的・局地的な天気の変化を予想するために、できることはないのでしょうか〉と新たな問題を提示しています。

八・九段落は、七段落を受けての答えになっています。

【八・九段落】

一つの手立ては、〈実際に自分で空を見たり、風を感じたりすること〉。天気の変化を肌で感じることが〈突発的な天気の変化への対処〉につながると述べています。

もう一つは、〈天気に関することわざが有効な場合もあります〉と述べています。これには読者である子どもたちも驚くのではないでしょうか。科学技術では予想しきれないものを「ことわざ」が、天気の変化を予想する有効な手立てになるというのですから。「富士山にかさがかかると雨」などの例が引用されています。ことわざが有効な手立てとは、どういうことだろうという疑問に答えています。

それは、〈新聞やテレビによる天気予報のない時代〉に、〈雲の動きや風の向きをもとに天気を予想していたことを表すもの〉で、〈長い間の人々の経験〉の積み重ねによっていると答えています。まさに、科学技術だけでは補いきれない人間の長い歴史の中で培ってきた叡智といえるものです。先人の知恵を学び、自然の現象から**類推**して天気を予想していく有効性と必要性が理解できます。

◇判断するのは自分自身

【十段落】

この段落は、筆者の考えのまとめです。

〈科学技術の進歩や国際的な協力の実現によって、天気予報の精度は向上〉し、私たちの生活は一層便利になって的中率があがっても、〈「今、ここ」で天気の変化を予想し、次の行動を判断するのは、それぞれの場所にいる一人一人〉と結論づけています。

〈そのことをわすれず、科学的な天気予報を一つの有効な情報として活用しながら、自分でも天気に関する知識をもち、自分で空を見、風を感じることを大切にしたいものです〉ということは、ただ、情報をそのまま受けとるという受身の姿勢では、自分を守ることにはならないということです。自分が見たり、感じたりしたことからも、自分で類推し、判断できることの大切さを述べています。

◇説明のしかたの工夫を見つけ、話し合おう（一四六頁）

〈「天気を予想する」を読んで、理科や社会の学習と関連していると思ったところはあるだろうか。……〉という問いかけがあります。

関連指導には、テーマでの関連と、**認識の方法**での関連があります。

テーマの関連ということであれば、理科の気象、社会の地形・気候などとの関連になります。認識の方法との関連について、次に例をあげてみましょう。

《予想》するということは、**確率的**という認識の方法です。一〇〇パーセントこうなるとは言えない、きちんと割り切れないものごとの「たしからしさ」を求めることです。「たしからしさ」を数量的に言い表して示すことが確率です。**統計的**という認識の方法がありますが、それは。《統計的》とは切り離せない絡み合ったものです。ですから、この説明文にも統計をもとにしたグラフが載せられています。大気の気温・気圧・湿度・風向その他さまざまな要因の複合により、スーパーコンピュータを用いても気象の変化を確定（予想）することは「不可能」といわれます。

《確率的》《統計的》という認識の方法は中学の課題になりますが、小学校のさまざまな教科・領域で統計やそれを表した表やグラフが使われています。表やグラフからものごとを推論したり、意味づけたり、《予想》したりすることが、そのまま関連指導になるのです。その際、忘れてはいけないことは、「天気予報は百パーセント的中するようにはならない」という筆者の考えです。《予想》は、あくまで「たしからしさ」にすぎないことです。

的中率・確率をあげるためにどうしたらいいのかといったことは他の教科や生活の中でも生かすことができます。

（藤原鈴子）

17 グラフや表を用いて書こう

図表やグラフなどを用いるのは、示したい事実を図解したり、表やグラフで表したりした方が一層わかりやすい場合です。相手によく伝わり、自分の考えに説得力を持たせるために効果的な図表やグラフを用います。

文芸研では説明文の指導で、説明されている内容の理解だけでなく、読者を相手どった表現のあり方・工夫＝**説得の論法**を学ばせることも指導の柱にしています。一学期からの説明文教材で、図表や写真、グラフの効果的な引用・活用について具体的に学ばせたいと思います。

（上西信夫）

18 「百年後のふるさとを守る」（河田惠昭）

◇作者の願い

この教材は二〇一一年版教科書から掲載されていましたが、この度の改訂版には「とびら」のページに〈みなさんへ〉と題した作者からのメッセージが綴られています。直接語られてはいませんが、二〇一一年三月の大震災において津波の犠牲となった多くの方々への思いが込められていることは伝わってきます。「作者の願い」と言ってもよいメッセージです。

また、本文中にも東日本大震災に関する記述が加えられました。一六六頁一二行目以降です。想像を超える津波のため多くの人が犠牲になった一方で、〈津波のことを学び、ひなん訓練をくり返していた児童や生徒、そして住民は、すぐにひなんし〉、さらに〈幼児や高齢者のひなんを助けながら、まだひなんしていなかった人たちにも声をかけたことで、多くの人が助かった〉という事実を紹介して、「自助・共助・公助」の大切さに言及しています。授業にあたっては、二〇一一年三月、津波が襲ってきたときに人々はどのように行動したのかということを教科書以外の資料や文献からも学び、他人事ではなく、大震災を私たちの社会の共有経験としてとらえなおしていきたいものです。

◇伝記から何を学ぶか

伝記ですからもちろん、事実をもとにして書かれています。筆者がその事実をどうとらえ、どのように評価しているかが重要な問題となります。筆者の評価（人間観と言ってもいいかもしれません）を読み手である私たちが、評価していくことになります。

事実をもとにして書かれたものは伝記文のほかに、説明文がありますが、両方とも、事実を伝えるのにとどまったり、また、内容を単なる知識としてわからせて終わりとするわけにはいきません。それだけなら、子どもが自分で読めばすむのであって、わざわざ授業をする必要はありません。説明文でも伝記でも読めばわかるように書かれています。自然について、社会について、人物について事実だけを学ばせることが学習目標になってはいけません。伝記文に登場した人物を筆者がどのように認識しているかを学ばせることが必要です。そこに描かれている**人間の真実**を学ばせることが大切なのです。伝記文は、人間の真実を描いたものでもあり、説明文と文芸の中間的なものと言えましょう。そこから、人間観を学ばせることができます。

【一場面】

◉書き出しの仕掛

〈「これはただごとではない」とつぶやきながら、五兵衛は家から出てきた〉。書き出しの会話文です。はじめてここを読んだ読者は一体何が起こったのだろうと興味を引かれ、先が知りたくなります。このように読者の興味・関心を引きつけるように書かれているものを**仕掛**といいます。読者の関心を引くための作者のうまい工夫です。

◉対比で際立たせる

五兵衛は、今起こった地震をこれまでのものと**対比**して〈不気味〉に感じとります。**対比**には、二つのものごとを比べることにより、そのものがもつ特徴を際だたせ強調する働きがあります。今回の地震が今までとはまるで違っていることが強調されています。〈村では、豊年を祝う宵祭りのしたく〉とありますから危機迫る状況と、それを知らずに心浮かれた村人たちの心情が対比されており、読者の緊張感を高めます。

◉五兵衛の目から見た海の情景描写

五兵衛の**視角**から、〈みるみる海岸には、広い砂原や黒い岩底が現れてきた〉と情景が描写されています。情景描写とは、ただ周りの風景を描いているだけではありません。その風景を見ている**視点**との関係で成立します。ただの岩ではなく、また明るい色をした岩でもありません。五兵衛の心情を反映した不吉な感じを与える〈黒〉なのです。さらに、風とは反対に波が沖へ動いているのですから異様な情景がひしひしと伝わってきます。

◉短い文による効果

〈～きた〉〈～あった〉〈～ある〉〈～いた〉と短い文で表現されています。緊迫感が伝わると同時にそれに対応する、登場人物のすばやい決断や行動が、読み手に伝わる効果があります。

【二場面】

◉事実であることを伝え、読み手を説得する

〈実は、この物語に登場する五兵衛には、現実のモデルがいる〉という書き出しで二の場面が始まります。読み手は、「へええ、なるほど、そうなのか、つくりごとではなかったんだ。」と納得してしまいます。

現実のモデル浜口儀兵衛について、生まれた日や場所などを具体的にあげて説明されています。特に、〈のどかな海辺〉〈よく遊びよく学ぶ子ども時代〉からは、ふる里とそこに生活している村人たちを、愛おしむ心が育まれたであろうことが、容易に想像されます。

儀兵衛が〈店主〉となり〈三十四さい〉のとき起こった〈安政元年〉の地震は、「安政聞録」に記された事実で、その規模・被害の様子を伝え、さらに、儀兵衛がそのときとった行動までもとりあげています。これは記述の信憑性を高めると同時に、「ああ、本当にそうだったん

だ。」と、読み手を納得させるに十分な効果をねらったものです。第二の場面の最後に〈本当の物語は、実は、この後始まる〉とありますから、「えっ、どういうことだろう。先を早く知りたい。」という思いが強くなります。本当に知らせたいことはこれからだよ、と読者をひきこむ仕掛となっています。

【三場面】

◉類比で津波の様子を強調する

〈海が普段の様子を取りもどすまで、六時間かかった〉〈田畑には海水に運ばれた材木などが散らばり、家屋のほとんどがたおされるか、津波でおし流されるかして〉〈大きな余震がたびたび起こった〉〈打ちひしがれた人々〉〈紀州藩に手紙を出し、援助を求めることにした〉など、津波が起きた時の様子を**類比**することにより、その規模の大きさ・被害の深刻さを伝えています。ですから村人は、〈希望を失い、村をすてようとする者まで現れ始めた〉のです。

◉人間の真実

「百年後のふるさとを守る」ではどのような人間の真実をおもしろく**（美）**描いているのでしょうか。

第二の場面で筆者は、「安政聞録」の記録から〈儀兵衛は、積みわらに火をつけることで、うす暗がりでにげ道を見つけられずにいた村人たちに方向を指し示し、その命を救った〉ことが「稲むらの火」の主人公のモデルになったと、記述しています

村人たちを救うことは、これにとどまりません。〈住む家も、食べるものも、着るものもな

い村人のために、自分のお金を出して、米を買い、衣服を買い、仮小屋を建てた〉のでした。〈それでも、村人の流出は止まらない〉ので、村人を雇い堤防を造ることを決めたのです。ところが江戸を大地震が襲います。儀兵衛は、堤防建設に金を出し続け村を救うのか店主として店を再建するのかという葛藤の末、自らの財産をはたいて村人たちと一緒に堤防を築くことを決断するのです。ところが店は最高の生産高を上げ、また村人の手で堤防工事もたゆまず進んでいったのです。

儀兵衛の村人を救いたいという人間の真実が、葛藤を生みます。店の再建より村人を救いたいという決断が店をも救ったというドラマ・おもしろさ（美）につながるのです。ここに読者の感動もあるのです。

【四場面】

安政の大地震と、昭和の地震を**対比**させることにより、儀兵衛のちえや、決断力を〈偉大な功績である〉〈災害後の対応と防災という観点から見ても、儀兵衛の堤防づくりには大きな意義がふくまれている〉と筆者の儀兵衛に対する評価と、考えがまとめてあります。

◇自らを輝かせる

儀兵衛は労力だけでなく財産までも、いわば犠牲にしています。その結果、彼は疲弊して、ぼろぼろになったのでしょうか。まったくその逆です。自分の店も繁栄していきます。なにより、儀兵衛は、価値のある行動により何百年も輝き続けています。防災への教訓をつくったこと、多くの村人を救助したことが、永く語り継がれます。

筆者は儀兵衛が資材を投げうって百年後にも役立つ堤防をつくった功績だけでなく、その他の功績についてもとりあげています。筆者は次のように書いています。

〈その一つは、物質的な援助だけでなく、防災事業と住民の生活援助を合わせて行ったことである。また、住民どうしが、たがいに助け合いながら、自分たちが住む所を守るのだという意識をもつようにうながしたことも大きい。他のものにたよるのではない、自助の意識と共助の意識である。……さらに、百年後という長期計画の必要性と有効性を教えてくれたことである〉。

村のために堤防を完成させるという儀兵衛の決断は、結果として自分の店も救います。他の人を助ける行為は、同時に自分を助けることにもなったのです。「情けは、人のためならず」という言葉は、そのことを表しています。

この教材には、時代背景という条件を考えなければ、自己犠牲を美とする「美談」としてしまう危うさもあります。今日の防災は、行政が責任をもち、さまざまな団体や個人の連携が必要であることは言うまでもありません。時代が変わり、条件が変わり、やることとやり方は変わっても、自助・共助の考えは依然として学ぶところが大きいものです。儀兵衛は、こうした考えを村人に意識させ、協働して自分たちの地域や自分たちの命を守ろうとしました。この考えは、現在の住民自治思想に通ずるものです。

筆者は、これらの考えを裏付ける事実を選択して伝記を書いています。つまり、筆者の人間観・社会観を反映した内容になっています。

（西本進次）

19 詩の楽しみ方を見つけよう

ここでは六編の短詩がとりあげられています。短詩は覚えやすく、おもしろいものです。特に一行詩は、子どもたちに教えると、たいへん興味をもつのではないでしょうか。五年生であれば、すぐにまねして書き始めることも可能でしょうから、題名を与えて、一行詩を創作させるという方法もあります。

教科書には学習の例として、ノートや色紙に詩を書き写したり、詩に合った絵をそえたりすることが紹介されています。それらの学習活動を否定はしませんが、詩が文芸作品であることを考えれば、さらに深く学ぶための授業を工夫してもよいのではないでしょうか。この単元でとりあげられている短詩に共通していることは、題材が身近な生物や自然であっても、そこに人間の真実が表現されているということです。けっして素材が美しいのではなく、とるに足りない、ありふれたものであっても、私たちには思いもつかない発想で詩人は芸術的な**美**（趣・味わい）と真実を発見・創造します。つまり、人間の真実を美として表現したものが文芸であり詩であるということです。ことにここでとりあげられたような短詩では、数少ないシンプルな言葉で「なるほど、おもしろい」と読者に思わせるものですから、一つひとつの表現が精選され研ぎ澄まされています。そんなすぐれた「言葉の芸術」を、視写と音読だけで終わらせるのはもったいないことです。

とは言っても、六つの作品すべてを細部にわたって丁寧に授業するほど時間の余裕はありません。そこで、それぞれの詩の特質をふまえながら、読んで感想を交流するだけのもの、他の作品と読み比べるもの、表現のおもしろさを体験・認識するものというように、軽重をつけてとり扱うのがよいでしょう。

★「ねぎぼうず」(みずかみ　かずよ)

緑色のまっすぐな茎のてっぺんに花序(小さな花の集まったもの)を乗っけた〈ねぎぼうず〉は、たしかにロケットのように見えます。しかし、見た目がロケットに似ているからといって、〈地底から打ちあげられたロケット〉のようだ、〈ロケット〉みたいだという単純な比喩として理解していては、この詩を本当に読んだことにはならないでしょう。

暗い地中で過ごしていた〈ねぎぼうず〉は、しかるべき時期になれば地上へと顔を出します。土と水に支えられ、太陽の光を受けて、ぐんぐん成長します。日常的な当たり前なことなので普段は気にもとめませんが、〈地底〉から空へ向かってまっすぐに伸びる〈ねぎぼうず〉の力強さを感じます。それは〈ねぎぼうず〉の生きている証であり、生命力の輝きです。ロケットで地球を飛び立つ人類が、未知の宇宙に対して感じる偉大さ、不可思議さと同じものを、極めて身近な存在である〈ねぎぼうず〉のなかにも発見できたとき、〈地底から打ちあげられたロケット〉という比喩の文芸的な、深い思想的な意味をも発見できるのではないでしょうか。一行の詩の中に宇宙の深遠さと〈ねぎぼうず〉の命の輝きを、同時に表現しているのがこの作品のおもしろさです。平易な言葉で書かれているのでだれにでもつくれそうですが、けっして簡単には真似することができない詩人ならではの発想を、子どもたちに気づかせたいものです。

★「耳」（ジャン＝コクトー　堀口大学訳）

ジャン＝コクトーの「耳」は、多くの人によく知られた有名な詩です。〈私の耳は貝の殻〉というのは、もし私の耳が貝の殻だとしたらという**仮定**で書かれています。しかも、その仮定は非常に意外性があります。普通はまったく思いつかない発想です。しかし、言われてみると、耳の形は確かに貝の形によく似ています。特に巻き貝の形に似ています。耳を貝の殻に見立てると、そこから海の響きがこちらにも伝わってくるような感じがします。耳を貝だと**仮定**することによって意外な発見があります。また、七五調の快い響きによって、〈海の響き〉から想像される楽しい思い出がさらにふくらんでくるようです。日本語に訳詩した堀口大学によって、詩のすばらしさが十分生かされています。

★「一ばんみじかい抒情詩」（寺山修司）

ジャン＝コクトーの「耳」で耳を貝の殻に見立てたように、〈なみだ〉を〈海〉に見立てています。確かにどちらも水からできてはいますが、大きさも極端に違う異質なものなので、涙と海を同次元のものとして扱うのは突飛すぎて納得できないように思えます。

ところが、〈一ばんみじかい抒情詩〉という題名をふまえて読み直してみるとどうでしょう。

「題名は詩のゼロ行」といわれるように、題名には個々の表現や詩全体を深く意味づけたり、象徴したりする役割と機能があります。〈一ばんみじかい抒情詩〉という題名は、この詩が非常に短い抒情詩であるということを示していると同時に、〈なみだ〉が人間の感情を表現する「抒情詩」であると意味づけてもいるのです。どれだけの言葉を費やすよりも、一粒の涙が一人の人間の複雑な心情を雄弁に物語ることがあります。そのように考えれば、〈なみだ〉は大海に匹敵するほど広くて深い、人間の心が美しく結晶したものであることに思い至ります。

五年生には少し難しい詩かもしれません。

★「土」（三好達治）

最後の行の〈ヨットのやうだ〉というのは比喩です。比喩には「たとえるほう」と「たとえられるほう」があり、普通に考えれば「〈蝶の羽〉を〈ヨット〉にたとえた」としてしまいそうですが、実はそうではありません。それだけではとても貧しい比喩のとらえ方になります。

この詩の比喩は「土の上を蟻が蝶を引っぱっていく」という日常的な現実のイメージを、「ヨットが広々とした海の上を白い帆を張って帆走する」という現実をこえたイメージでたとえたものです。「〈蝶の羽〉と〈土〉との関係」を、直接関係のない「〈ヨット〉と〈海〉との関係」に**関連づけ**たと言ってもよいでしょう。〈ヨットのやうだ〉という比喩を用いることによって、日常的な茶色い〈土〉の世界が、一瞬にして青々とした開放的な大海原に変身します。詩（文芸）における比喩は「場のイメージをつくる」働きがあるということです。

一般的に比喩というのは、何かをわかりやすく相手に伝えるためのもので、「説明の方法としての比喩」という実用的な価値をもつものと考えられています。しかし、〈ヨットのやうだ〉という比喩は、常識的、日常的な比喩の働きをこえて、〈土〉が海になる、〈土〉でありながら〈土〉をこえた海の世界を生み出す方法となります。詩（文芸）における比喩は、「現実をふまえ、現実をこえた**虚構の世界**」をつくり出す方法、すなわち**虚構の方法としての比喩**なのです。（ここでいう《虚構》とは、「つくりごと」とか「絵空事」のことではありません。現実の日常的・常識的な意味をふまえながらも、それをこえて、非日常的・反常識的な、深い思想的な意味を見出す文芸の世界のことを指します。）

この詩の題名を伏せて本文だけを読んだ後、子どもたちに題名を考えさせてみてください。多分〈土〉という意見は出てこないのではないでしょうか。題名を〈土〉としたところが、この詩が名詩と呼ばれる所以です。〈土〉という題名であるからこそ、読者は死んだ蝶が運ばれていく、小さなありふれた世界を思い描きます。それが一転、〈ヨットのやうだ〉という比喩によって、広々とした生命感あふれる世界に変身するダイナミックな体験をすることになるのです。

「○○が××している／ああ△△のようだ」と、表現形式だけ真似して子どもたちに創作をさせてみても、それはおそらく「説明の方法としての比喩」でしかなく、詩にはならないでしょう。題名の働きや「虚構の方法としての比喩」の本質を学ぶにはうってつけの教材です。そこを重点的に授業でとり扱うことこそが大切です。

（山中吾郎）

20「想像力のスイッチを入れよう」（下村健一）

◇仕掛をもった題名

「想像力のスイッチを入れよう」という題名を読むと、読者は、いったい何のことだろうと思いをめぐらし、読んでみたくなります。この作品の題名は、〈入れよう〉から、読者にこうしようと行動することを求めている**仕掛**のある題名といえます。

◇事例と意見の関係をおさえて「はじめ」の部分を読む

【一、二、三段落】

一、二段落では、学校のマラソン大会での結果を**仮定**し、**対比**的に事例をあげています。自分は、〈順位が下がった〉といい、先生は、〈タイムがちぢまっています〉と言います。

これを事例として、三段落で〈同じ出来事でも、なにを大事と思うかによって、発信する内容が〉〈ちがってくる〉と、意見を述べています。

見方を変えることで意味づけがちがってくるということの事例と意見は、子どもたちにとって身近に自分が経験していることであり、十分納得できるものです。読者にわかりやすく納得してもらえるように説明しています。これを**説得の論法**といいます。

【四、五段落】

四段落では、意見が述べられています。学校や家庭での会話だけでなく、テレビ、インターネット、新聞などの「メディア」へ、**類比**して話題を広げ、〈メディアから発信される情報もまた〉〈大事だと思う側面を切り取って、情報を伝えている〉のだという意見です。

五段落では、例を示しています。例を分かりやすくするために図示というやりかたを用いています。〈左〉〈右半分が見えている〉図を示し、〈「円」や「四角形」〉と〈推測した〉としたら、〈切り取られた情報だけから全体を判断したことによる思いこみということになる〉と、読者を納得させています。

意見を、分かりやすく図示して例を示し（複雑な条件を単純化して、本質的な部分を問題にする**模式化**する認識方法）、読者を納得させていることも《説得の論法》です。

【六段落】

六段落では、〈あたえられた情報を事実のすべてだと受け止めるのではなく〉〈頭の中で「想像力のスイッチ」をいれてみることが大切なのである〉と、五段落までをまとめて意見を述べています。

しかし、「想像力のスイッチ」を入れるとはどうすることか、メディアとどうつながるのかと、読者は疑問を持ちます。〈「想像力のスイッチ」を入れる〉とは、題名でもあり、この説明文の観点でもあります。

一、二段落で、身近な事例をあげて読者の興味関心をひき、三段落で事例をもとにした意見を述べて読者を納得させています。四、五段落で、さらに情報に話題を広げて意見を述べ、そのことを例で分かりやすく説明しています。その上で、六段落でまとめていくという論の進め方は、たくみです。

◇事例と意見の関係をおさえて「つづき」の部分を読む

【七段落】

〈想像力のスイッチを入れる〉ことを説明するために、〈報道で〉〈Aさんが新しい監督になるのではないかと注目が集まっている〉という事例をあげて、読者が考える手がかりとなるようにしています。

しかも、□囲みや、ゴシック太字体を用いることによって、もとになる事例であることを強調するように工夫しています。これも《説得の論法》です。

【八、九、十段落】

〈まず大切なのは〉〈冷静に見直すこと〉だという意見を述べています。

事例として〈Aさんは、報道陣をさけるためか、うら口からにげるようにでていきました〉と、〈Aさんは、来月から予定していた外国の仕事を最近キャンセルした〉をあげています。しかし、印象が混じっている可能性や、他の見方を想像していない点で、冷静に見直していないことを指摘しています。だから、二つの事例からは、〈Aさんが、次の監督になると判断する材料はなにもない〉、〈Aさんが、次の監督にちがいないと考える決め手にはならない〉と説明しています。
この二つの事例は**対比**しています。しかも、一方的に都合のよい事例だけを出すのではなく、多面的に事例を出すことによって、読者を深く納得させています。《対比》は《説得の論法》です。
八、九、十段落では、先に意見を述べ、その後事例による説明で、〈冷静に見直すこと〉の大切さを**類比**して述べて、読者を納得させています。このように《類比》は《説得の論法》です。

【十一段落】

〈次に大切なのは〉、〈伝えていないことについても想像力を働かせること〉だという意見を述べていますが、この意見を納得してもらうために、前にあつかった七段落の〈Aさんが、監督に〉なる可能性のことの事例と、五段落の図①②③の事例をあげ、〈「他の人が監督になる可能性はないのか。」と想像し〉たり、〈「円」や「四角形」の反対側に、別の何かがかくれているかもしれない、と考えてみ〉たりすることが大切だと述べています。
伝えていないことについても想像力を働かせることの大切さについて、事例を《類比》して説得しています。

【十二段落】

〈最後に、いちばん大切なのは〉、〈結論を急がないこと〉だと、意見を述べています。より多くの〈新しい情報を聞けば聞くほど、想像力のスイッチが入れば入るほど〉、〈事実の形が分かっていく〉のだから〈結論を急がないこと〉だと、二つのことを**関係**づけて意見を述べています。

【十三、十四段落】

十三段落では、七段落からの〈Aさんの〉事例で、〈結局〉多くの人が想像力を働かせなかったために A さんは不利益を受けたと、事例の結末を述べています。

十四段落で〈Aさんは関係なかった〉事例をもって、〈思いこみや推測によって〉〈だれかを苦しめたり〉、〈だれかが不利益を受けたりする〉ことは〈起こりうる〉という意見を述べています。

つづきの部分では、〈まず〉〈つぎに〉〈最後に〉と**順序**だて、《類比》して意見を述べています。だから、読者は、見通しを持って読み進めることができます。

十二段落までは、読者は自分が判断を誤らないようにしようと思いつつ読んできました。さらに、十三、十四段落で、思いこみや勝手な判断は人を苦しめたり、判断を誤ると他の人に不利益を与えたりする事例から、読者は自分以外の人にも不利益を与えないようにしなければならないと気づくでしょう。

そこには、〈思いこみや推測〉ではなく〈想像力のスイッチを入れよう〉ということが、わかりやすく理解できるように、《類比》して述べてきた《説得の論法》が働いています。

◇事例と意見の関係をおさえて「おわり」の部分を読む

【十五、十六段落】

十四段落までの、事例と意見のまとめとして、十五段落では、はやく、わかりやすく情報を伝えようとする際に起こる〈思いこみ〉を防ぐために、〈メディアの側も〉〈情報を受け取る〉〈側も〉、〈努力が必要〉だという意見を述べています。

十六段落では、情報を受け取る側の〈努力〉とは、〈想像力のスイッチを入れることだ〉とし、〈自分の想像力でかべを破り〉〈大きな景色をながめて、判断できる人間になってほしい〉という意見で結んでいます。それは、〈自分の想像力でかべを破り〉〈判断できる人間〉ならば、メディアは、〈大きな景色〉を見せてくれるということでもあります。

このように、事例と意見を**関係**づけた読みをすることによって、自分の意見を持つことができるようになります。

◇典型化

今、子どもたちを取り巻く環境では、テレビやインターネットなどさまざまなメディアによってたくさんの知識を手に入れ、広い世界を知ることができます。また、メールやＳＮＳ（ソーシャルネットワークサービス）等で自分から情報を発信することも簡単にできます。それだけに、たとえ悪気はなくても自分を傷つけ、他の人を苦しめる可能性が高くなります。

メディアについて、自分の知っていることや経験したことなどを出し合い、メディアとどのように関わっていけばいいのか、「想像力を働かせる」とはどういうことかを具体的に考えることが大切です。スイッチは入れなければ働かないし、入れれば働きます。この学習を機に「想像力を働かせる」ためのスイッチを主体的に入れてはどうでしょうか。これは、教材の内

容につなげて自分とメディアの関わりを考える（典型化）学習です。（桐島律子）

21「見るなのざしき」（桜井信夫）

◇昔話独特の語り口

〈昔、あったと。／ある山里に炭焼きの兄さんが一人でひっそりくらしておったそうな〉という書き出しで始まります。「昔々あるところに○○がすんでおった」という昔話独特の語り初めによって、話者は読者を、昔話・民話の世界へ引き込んでいきます。

また、語り伝えていく文末になっていることも、昔話の特徴です。〈～そうな〉〈～たと〉という文末を読むことで、おじいやおばあが語ってくれる豊かなイメージが膨らんできます。昔話の独特の語りとともに日本の民衆の口や耳になじみながら昔話・民話は伝承されてきました。だからこそ、この昔話独特の語りを子どもたちにきちんと教えてください。単なる形式でなく、この語りが昔話独特の世界をイメージ豊かに作っていくのです。

◇姉さまは人間と自然の複合形象（鳥や四季の恵みと人間の複合形象）

夏はお日さま・海の恵み、秋はもみじ・川魚などの料理、冬はいろりやもちの恵みなどなど、自然は人間に恵みや幸せをもたらすものです。しかし、自然を甘く見て人間の欲望のまま扱うとそれを失うことにもなりかねません。自然に対して傲慢にならず、約束を守って大切に扱わねばとんでもないしっぺ返しを受けることになるでしょう。それを教えてくれます。

◇昔話の世界

この昔話は、約束したことを破ったため、手にいれたものすべてを失ってしまうことが書かれています。

兄さんは、〈——最後の一つは、決してのぞかないでおくれ〉と姉さんに言われ、守ると約束しました。しかし、二めぐりした後〈とうとうたまらず四の倉の戸を開け〉てしまいました。四つあるうちの一つだけといわれると、残りの一つにいいものがあるのではないかと思ってしまう人間の性（さが）が表れているともいえます。

約束は破ってはいけないものなのです。約束を破った兄さんは、美しい姉さまも立派な家も失ってしまいました。たとえ助けた鳥であっても、人間がその鳥が住む所に深く足を踏み入れれば、そこを壊してしまい、なくしてしまうことになってしまうのです。

昔話にはこうした教えがこめられています。

しかし、約束を守らなければいけないと知りつつ、欲に負けてしまう人間の弱さも教えてくれます。「見るなのざしき」という題名を見ただけでも、子どもたちでも「見たい」「きっと見てしまうのではないか」と思うものです。開けてしまう方が人間的なのかもしれません。

昔話の世界をもっと知るため、この昔話と関連した次のような作品を発展的に扱うとよいでしょう。

木下順二「夕鶴」(『夕鶴・彦一ばなし』所収　新潮文庫)

松谷みよ子「雪女」(松谷みよ子のむかしむかし(3)所収　ポプラ社)

おざわとしお『みるなのくら』(福音館書店)

(佐藤真理子)

22 すいせんします

「事物や人物を取り上げ、それらのよさを考えて推薦したり、それを聞いたりする」言語活動単元です。低学年の「紹介」を発展させたものです。「推薦」では、推薦者が対象の特徴を深く理解し、そのよさを相手に説明することが求められます。また、推薦は伝えたいという自分の目的にとどまらず、相手の要求や目的にも合致した事物や人物を取り上げることが必要です。

話すときには、相手にそのよさが伝わるように、理由を説明したり、エピソードとなる事例をあげたり、図解したりするなどして、説得力のある話し方の構成を考えることが大切です。

(上西信夫)

㉓「わらぐつの中の神様」（杉　みき子）

◇場面割り

はじめに場面割りをしておきます。

①書き出し～二〇〇頁七行目
②二〇〇頁八行目〈風が〉～二〇二頁三行目
③二〇二頁四行目〈すると〉～二〇二頁一四行目
④二〇三頁一行目〈「わらぐつの〉～二〇四頁五行目
⑤二〇四頁七行目〈――昔〉～二〇四頁一〇行目
⑥二〇四頁一一行目〈さて〉～二〇六頁四行目
⑦二〇六頁五行目〈おみつさんは〉～二〇七頁五行目
⑧二〇七頁六行目〈家に〉～二〇八頁三行目
⑨二〇八頁四行目〈その夜〉～二〇九頁六行目
⑩二〇九頁七行目〈「そんな〉～二一〇頁一三行目
⑪二一〇頁一四行目〈やがて〉～二一二頁五行目
⑫二一二頁六行目〈その次の〉～二一三頁一〇行目
⑬二一三頁一一行目〈あのう〉～二一四頁一三行目

⑭二一四頁一四行目〈〈おみつさんは〉〉〜二一五頁一四行目
⑮二一六頁二行目〈〈――それから〉〉〜二一八頁二行目
⑯二一八頁三行目〈〈マサエは〉〉〜二一八頁一四行目
⑰二一九頁一行目〈〈そのとき〉〉〜書き終わり

◇冒頭（書き出し）

冒頭にはいろいろなタイプがありますが、ここでは「とき」と「ところ」がさりげなく語られていて、主として人物の紹介がされています。ここで大事なのは〈マサエは、おばあちゃんといっしょに〉という語り方になっていることです。これは、話者がマサエに寄りそって、マサエを中心にして人間関係を語っています。ですから、人物の呼称も、マサエから見ておばあちゃんだから〈おばあちゃん〉というようにマサエとの関係で決まっています。実際にこの後の会話のやりとりを見ますと、マサエだおばあちゃんに対して何か言うときには、「おばあさん」ではなく、〈おばあちゃん〉と呼んでいます。マサエが呼んでいる呼び方、マサエという人物が使っている呼称がそのまま地の文の呼称にもなっています。

その後、〈こたつに当たりながら、本を読んでいました〉と語られてから、〈今夜は、お父さんはとまり番で帰ってきません〉と、お父さんのことが紹介されます。帰ってこないというのですから、お父さんは一応この物語から外されているという予想がつきます。それから、〈おじいちゃん〉は〈おふろやさんへ〉出かけたというのですから、いずれ帰ってくるかもしれないという気がします。実際に最後のところで帰ってくるのですが、とりあえずはこの話がマサエとおばあちゃんと、台所にいるお母さんの三者の関係で運ばれていくのだと見当がつきます。このことを「心づもり」、「心構えができる」と言います。読者は①のところを読んで、これから後の文章を読むための心づもりをして、②以後を読んでいきます。

◇くり返される人物像と人間関係

②の場面は、話者の地の文と人物の会話をまぜて物語が進められています。

ここでは、少し細かい問題ですが、高学年ですから、次のような表現上の工夫を学ばせてほしいと思います。

〈マサエは、ふと思い出して、台所のお母さんをよびました〉とあります。マサエに寄りそって語られていますが、前にもう台所にいることがわかっているお母さんのことを、なぜわざわざ〈台所の〉と言っているのでしょうか。それから次に、〈お母さんが、水音を立てながら答えました〉と語られていますが、なぜわざわざ〈水音を立てながら〉となっているのでしょうか。

それはこういうことなのです。

マサエはこたつにあたって本などを読み、お母さんは台所で後かたづけをしています。それなのにマサエは自分のことを自分でしないでお母さんに頼みこんでいます。母親に甘え、もたれているのです。そういうマサエの性格、人柄がわかります。

〈マサエは、ふと思い出して、台所のお母さんをよびました〉という一文に、もう少しくわしく言葉をつけ加えると、〈（ぬくぬくとこたつにあたって本を読んでいた）マサエは、ふと思い出して、台所の（ほうでまだかたづけものをしている）おかあさんを（わざわざ）よびました〉というような文脈になります。ですから、〈お母さんが、水音を立てながら〉とあったときに読者は、「ああ、そうだ、お母さんは働いていたんだ。そのお母さんに、自分はこたつにあたっていながら、スキーぐつがかわいているかどうか見てちょうだい、と言っているのだ。あるいは、かわいてなかったら何とかしてちょうだいと、その先までもたれかかるような言い方をしているな。」と気づかなければいけません。

そんなマサエの性格を浮き彫りにするための工夫がここにはあるのです。

②の場面は、マサエとお母さんの人物像と、その両者の人間関係のありようがくり返し強調されて表現されています。

甘え、もたれかかるマサエに対して、お母さんは、〈「おや、あしただったの。……」〉と受け止めながら、〈「……それじゃ、もう一度見てごらん。……」〉と自分で見させています。それも、ただつっぱねたのではなく、〈「……さっき、新聞紙をまるめて入れといたから、……〉〈「新しい新聞紙とかえてごらん。ひものところも、しっかりくるむようにしてね。……」〉と気を配る、いい意味での教育的な母親のイメージがあります。

そして、この二人のやっていることと言っていることを見ていくと、両者のあたたかい人間関係をもとらえることができます。

◇マサエの認識とおばあちゃんの認識

③の場面は、ものの本質とか価値に対するマサエとおばあちゃんの認識の違い、つまり価値観の違いに注目させせなければなりません。

そして、〈「わらぐつなんて、みったぐない。」〉というような認識しかもたなかったマサエが、〈おみつさん〉の話を通して一八〇度変わっていく、そのための③の場面なのです。

◇仕掛

④の場面は、いよいよおみつさんの話が始まるという、そのすぐ前の場面です。ですから、④の場面はいよいよ始まるおみつさんの話へ読者を導き入れるための大事な役割・機能をもっていると考えることができます。

③の場面の終わりのところで、おばあちゃんが〈「……わらぐつの中には神様がいなさるでね。」〉と言います。わらぐつは神棚と違って、人間の足にはくものですから、読者もマサエと同じように〈「わらぐつの中に、神様だって。」〉〈「そんなの迷信でしょ、……」〉と思うでしょう。ところがおばあちゃんは〈まじめな顔になって〉言うのです。ですから、読者も、「からかったり、ふざけたりしているんじゃないんだな、どんな神様がいるか知りたいものだ。」という気持ちになります。

それにお母さんも聞こうというのですから、読者もきっとおもしろい話なのだろうと関心をもつことになります。

このように読者の興味・関心に働きかけて、次の場面を読もうという気持ちにさせていく役割・機能を**仕掛**と呼んでいます。

④の場面はこれからいよいよ本題を前に読者をぐっと引きつけておいて、次の⑤⑥の場面を読者のほうから興味をもって読み進むように仕向けていくところです。

◇人物の説明

さて、そこでいよいよ本題に入っていくところですが、この⑤⑥場面で学習することは、文章の性格を**説明・描写・叙事・会話**に**類別**することです。⑤の場面は説明、⑥の場面は叙事と描写になっています。

ここで注意してほしいのは、小説も物語も叙事が基本になっていることです。そして、その叙事の中に説明や描写が入ります。ですから、そこがなぜ説明なのか、なぜ描写なのかが問題になってきます。

⑤のところでは、〈おみつさんは、特別美しいむすめというわけでもありませんでしたが、体がじょうぶで、気立てがやさしくて、いつもほがらかにくるくると働いていたので、村じゅうの人たちから好かれていました〉と、おみつさんという**人物**について**説明**しています。ここは〈が〉という逆接をはさんで前と後が**対比**になっています。逆接の場合、後が強調されますから、おみつさんは気立てがよく、働き者で、やさしくて好かれているということが強調され

ています。

それでは、なぜ特別美しいむすめでもないという説明があるのでしょうか。それは後の⑬の場面にきて、大工さんがプロポーズしたのは器量よしのためではないことをはっきりさせるための布石です。人柄のよさ、心がけの美しさを見込んで嫁に望んだのだということを強調する役割をもっているのです。しかし、ここで、大工さんがどういう人間を見込んだかを強調するために、美しいわけでもないことを具体的に描写したのでは、おみつさんのイメージが崩れてしまいます。おみつさんのイメージを崩さず、後の大工さんの言葉を引き立てるために、描写ではなく説明をしておくことが大事なのです。

◇〈雪げた〉の価値・本質を描写する

⑥の場面には雪げたの描写があります。〈白い、軽そうな台に〉とありますから、たぶん桐のげたでしょう。げたとしては最高のねうちのあるものです。〈ぱっと明るいオレンジ色のはなお〉ですから美しさがあります。しかも〈上品な〉というのですから、ただ派手なだけでなく、同時に品があります。〈上品な、くすんだ赤い色のつま皮〉は皮のつま皮ですから非常にじょうぶですし、それにあたたかいということもあります。〈黒いふっさりした毛皮のふち取り〉になっていますから、美しくて非常に高級なものです。

ぬれないし、あたたかいし、軽いというふうに見てくると、この描写は「雪げた」という道具の本質・価値を大変深く見定めた描写になっていることがわかります。このように、描写は必ずそのものの本質・価値とかかわってなされるべきものです。

よく「なるべくくわしく書きなさい。」と言いますが、何でもくわしく書けばいいというものではありません。描写は本質・価値にふれてするものです。ここでは、若い娘のはく雪げたの本質・価値を見事に表現する描写になっています。

◇描写を入れる位置

では、なぜここでその雪げたの描写が必要なのでしょうか。それは、⑥で雪げたのイメージを具体的にとらえた読者は、⑦⑧⑨⑩でその雪げたをほしいと思っているおみつさんの気持ちをわがことのように**同化体験**できるからです。⑦⑧⑨⑩を読みますと、おみつさんがどんなに雪げたをほしがっているかがわかります。しかもおみつさんがほしがっているのはただ見かけだけの美しさにとらわれているからではありません。**用の観点**から雪げたのすばらしさを評価して、それをほしいと思っているのです。

おみつさんの気持ちが特にはっきりわかるところに線を引いて抜き読みしてみると、おみつさんが本当に雪げたに執着していることがよくわかります。

そして、前もって雪げたのすばらしさが描写されて、そのイメージが読者の心に焼きついてこそ、読者はおみつさんの目と心に寄りそって、おみつさんがそれをほしがる気持ちをわがことのように《同化体験》できるのです。そうしてこそ、わらぐつをつくるに至る動機が、なるほどそうかとわかるというものです。

◇心を込めて編んだわらぐつ

⑨の場面には、わらぐつをつくるおみつさんの気持ちが次のように説明されています。〈少しくらい格好が悪くても、はく人がはきやすいように、あったかいように、少しでも長もちするように〉――これは、雪の中で足にはくわらぐつとして一番本質的なことです。美しければそれにこしたことはありませんが、肝心なのは役に立つということです。そのことを考えて心を込めてしっかりわらを編もうというところにおみつさんの人柄がうかがえます。

それでは、そんな心がけで編んだわらぐつは、どんなわらぐつなのでしょう。そのわらぐつの描写を見ますと、まず、不格好であるということが最初に描写されていて、しかし〈その代わり〉〈じょうぶなことは、このうえなし〉だということがその後に語られています。おみつさんの気持ちの説明のところにも〈でも〉という逆接がありましたが、わらぐつの描写のところも〈その代わり〉という言葉があって、後のほうの〈じょうぶ〉だということが強調されています。

にもかかわらず、⑩のところでは、家の人たちさえ〈「そんなおかしなわらぐつが、売れるかいなあ。」〉と〈笑ったり心配したり〉します。そしてまた、世間の人がそれを見てどう反応したかというと、なかなか売れないだけでなく、〈くすくす笑ったり、あきれた顔をしたりして〉〈「いいや、よかったでね。」〉と断るのです。〈それどころか「……わらまんじゅうかと思った。」〉と悪口を言う人もいます。そして、こういう評価に対して、読者も一方で納得し、

〈「やっぱり、わたしが作ったんじゃ、だめなのかなあ。」〉と〈がっかりして、不細工なわらぐつを見つめ〉るおみつさんの気持ちにも《同化体験》できるのは、前もってわらぐつの描写がされているからです。

さらにまた、大工さんに声をかけられたときに、おみつさんが〈きまりが悪くなって〉〈赤くなりながら、おずおずと〉出したり、言いわけしたりする気持ちにも《同化体験》できます。それから、たびたびわらぐつを買ってくれる大工さんをおみつさんが不思議に思うという気持ちや思い切って大工さんにたずねてみるという気持ちが、わがことのようにわかります。

⑬までできますと、なぜ大工さんがそのわらぐつを買ったかという種明かしがされます。世間の人が（おみつさん自身も）見かけにとらわれて、わらぐつの本当のよさ、本質・価値を見そこなっていたのとは**対比**の関係で、大工さんがわらぐつの本当のねうちを認識して、そして、たびたび買ったのだということが大工さんの言葉で語られています。この〈「……いい仕事ってのは、見かけで決まるもんじゃない。使う人の身になって、使いやすく、じょうぶで長もちするように作るのが、ほんとうのいい仕事ってもんだ……」〉という大工さんの言葉は、作者自身が読者に一番言いたいことを、大工さんの口を借りて言っているのです。

それから⑨の場面でわらぐつの描写がありましたが、これは「ものを描いて人間を表現する」という文芸の大事な方法の一つです。ここで描かれているわらぐつのイメージとおみつさんの人物像をかさねるとよくわかります。

◇〈おみつさん〉の視角から

⑪⑫の場面では、おみつさんの**視角**から（目と心に寄りそって）語っているということが、どこでどういうふうに文章表現のうえに表れているかを見ていきます。ここはある人物の視角からの特徴的な表現がほとんど全部出てくると言っていいところです。次のようなことを確かめてみてください。

・〈思う〉・〈考える〉・〈気がする〉という表現
・感情表現
・心内語（つぶやき）
・間接話法
・受身表現
・**視点人物**の主語省略（**↔対象人物**）
・一人称の「私」を〈大工さん〉に代入できない
・人物の呼称（呼び方）の変化
・〈こちら〉――〈あちら〉という**心理的遠近感**のある指示語
・方向性をもった動詞〈行って〉〈来て〉〈やって来て〉

◇人物と読者の関係（仕組・仕掛）

⑪⑫⑬に大工さんが出てきますが、初読では、読者はおみつさんの**視角**から読んでいきますから、おみつさんにわからないことは読者にもわかりません。つまり「人物は知らない、読者も知らない」という**構造・関係**が作品の中にあります。これを**仕組**と言います。

「人物は知らない、読者も知らない」という関係になると、読者はまず「なぜだろう。」と思います。そして、その答えをもっと知りたくなります。それでその先を注意深く読もうとします。これを**仕掛**と言います。

そして、一つのことがわかればわかっただけ新しい疑問がより強く出てきます。たとえば「じょうぶだ。」というと、「ああ、そうか。でも、それならなぜそんなにたくさん買うんだろう。」と、かえって疑問が大きくなります。そのように興味・関心をだんだんせりあげておいて、大工さんのあの大事な言葉が出てくるのです。ですから、ここの仕掛は、大事な言葉を「そうか、そうだったのか。」と味わい深く読むためのものです。仕掛をただ技術主義的に考えてはいけません。

そしてまた⑭のところで新しい興味・関心を起こす問題が出てきます。大工さんは、いきなりしゃがみこんで、〈「……いつまでもうちにいて、おれにわらぐつを作ってくんないかな。」〉と言います。そしておみつさんのほおが赤くなったところで⑭の場面が終わります。すると、読者に、おみつさんがそのプロポーズを受けたかどうかという興味を引き起こすことになります。それが⑮の場面へ入るための伏線であり、仕掛になるのです。

⑮⑯のところも仕掛があって読者をどんどん引っぱっていくところです。

◇人物の認識と読者の認識

⑯のところで、大工さんがおみつさんに買ってくれた雪げたを見たマサエは〈「……この雪げたの中にも、神様がいるかもしれないね。」〉と言いますが、〈中にも〉とはどういうことなのでしょうか。それは、マサエがおばあちゃんの話を本当の話だとして納得したということです。感動したということです。人間とは、ものとは、労働とは、愛とはということについての深い認識がマサエのなかに生まれたことを示しています。ですから、⑰のところで、おじいちゃんが帰って来たとき、〈「おかえんなさあい。」／とさけんで、げんかんへ飛び出していきました〉ということになるのです。マサエはきっとおみつさんの話を聞いて、やさしくて働き者で明るくて、それに人の身を思って働く、そういう働き方のできる人間が本当に美しい人間なのだということ、またそういう人間のねうちや、そういう仕事のねうちがわかる大工さんのすばらしさも認識したことでしょう。〈少しくらい格好が悪くても、はく人がはきやすいように、あったかいように、少しでも長もちするようにと、心をこめて、しっかりしっかり、わらを編んでいきました〉というような心がけが本当の労働なのだと認識したことでしょう。愛というものは、ただ容貌にひかれるというようなものではなく、相手の人間的なねうちを認識し、お互いに相手を尊敬し合うことが土台になることだと認識したことでしょう。

それは子どもである読者の認識にもなることでしょう。この作品は、「はじめ」と「おわり」がマサエの視角から語られていますが、おみつさんの話を聞いて感動し、変革していくマサエの姿はそのまま読者の姿であり、マサエは読者の代わりを務める人物であると言ってもいいと思います。

〈西郷竹彦〉

【参考文献】『西郷竹彦文芸・教育全集13、26、27巻』〈恒文社〉
『西郷文芸学入門ハンドブック③虚構論入門』〈西郷竹彦著・明治図書〉
『文芸研の授業②文芸教材編「わらぐつの中の神様」の授業』〈高橋睦子著・明治図書〉

【「わらぐつの中の神様」まとめよみの指導案例】

◉授業範囲

「おわり」の場面〈―それから、わかい大工さんは言ったのさ〉から最後まで

◉ねらい

・「はじめ」の場面と《対比》することで、マサエの認識の変革をとらえさせる。
・マサエの認識と読者自身の認識を比べることで、ものごとの本質や価値、人間の真の美しさ、労働や愛の意味について考えを深めさせる。〈《典型化》〉

◉授業展開（発問例）

マサエの変革をとらえさせる

Q1　視点人物はだれですか。（「はじめ」の場面と同じマサエの視角から語られていることを確認させる。）

Q2　（おじいちゃんが実は大工さんだと知ったうえで）「はじめ」の場面のおじいちゃんへの考えは変わりましたか。（「つづき」の場面の大工さんの人物像と関係づける。）

Q3　「はじめ」の場面のマサエと「おわり」の場面のマサエを対比してください。（マサエの会話文〈この雪げたの中にも、神様がいるかもしれないね〉と「この雪げたの中には」の「くらべよみ」を手がかりにして）

Q4　なぜマサエのわらぐつに対する見方やおじいちゃんへの態度が変わったのでしょう。（おみつさんや大工さんのものの見方・考え方とかかわらせて）

作品の構造をとらえさせる

Q5　この作品全体は、どのような構造になっているでしょう。（「はじめ―つづき―おわり」の場面が「現在―過去―現在」「マサエの視角―おみつさんの視角―マサエの視角」となっていることを確認させる）

Q6　もし「はじめ」の場面と「おわり」の場面がなかったら、読者に対する働きかけは、どう変わってくるでしょう。

典型化して考えさせる

Q7 マサエと読者である皆さんの、ものの見方・考え方を比べてみましょう。《典型化》

（へつなげる。）

【「わらぐつの中の神様」まとめよみの板書例】

わらぐつの中の神様　杉みき子

「はじめ」の場面

・お母さん、わたしのスキーぐつ、かわいてる。
・お母さん、どうするう。
・わらぐつなんて、みったぐない。
・そんなの迷信でしょ

「つづき」の場面
おみつさんと大工さんの話
わらぐつの価値
大工さんのものの見方・考え方
おみつさんの心の美しさ

マサエ

わがまま　あまえている
外見しか見ていない

読者

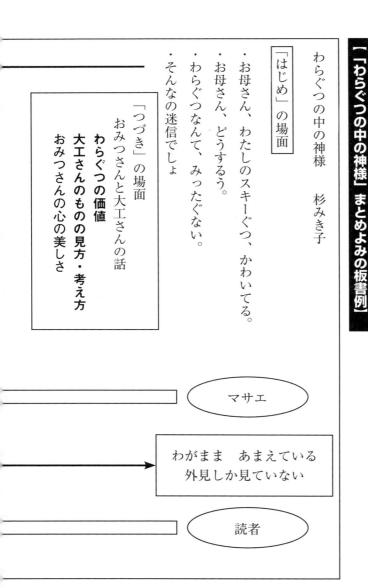

「おわり」の場面

・おじいちゃんがおばあちゃんのために、せっせと働いて買ってくれたんだから
・この雪げたの中にも、神様がいるかもしれないね。
・すぐふみ台を持ってきて
・げんかんへ飛び出していきました。

マサエ

素直　進んで行動する
条件的に価値を見ている

読者

24 一まいの写真から

「書くこと」の目標を一言で言うと、低学年では、観点を一つにしぼって書くこと。中学年では、詳しく書くこと。そして、高学年では、**効果**的な表現力を育てることです。この単元でも文章全体の構成の効果を考えて書くことを求めています。

文章全体の構成としては、物語では「状況設定→発端→事件展開→山場→結末」、説明文では「序論→本論→結論」、「現状認識→問題提起→解決→結論→展望」の構成のほか、帰納的展

開か演繹的展開かなどを、目的や意図に応じて効果的に用いることです。

この「一まいの写真から」で、表現を工夫して物語を書く—状況設定がわかるように書いたり、情景が想像しやすいように書いたり、さまざまな表現方法を工夫する—ことをすべて教えるとなると、膨大な学習量になり大変なことです。五年生になって学習した「なまえつけてよ」「大造じいさんとガン」「わらぐつの中の神様」の文芸教材で人物像や世界像を造形する、さまざまな効果的な表現方法や構成のあり方を具体的に学習しておくことが、この単元で生きてきます。文芸研が主張する「読むこと」と「書くこと」の関連化が大切です。

（上西信夫）

㉕「のどがかわいた」（ウーリー＝オルレブ　作／母袋夏生　訳）

◇題名に込められた意味は何か

「のどがかわいた」という題名は、この教材でとても大きな意味をもちます。題名には、まず、読者の興味関心を引くという**仕掛**としての役割（機能）があります。この題名を読むと、読者は、「どうして、のどがかわいたのかな」と疑問をもつことでしょう。そして、この題名のもう一つの機能は、物語の主題を**象徴**しているということです。初読では、あまり気にせずに読んでいた読者も、読み進めるあいだに人物の言動や心情と題名とのかかわりに気づくのではないでしょうか。そして、再読のときに、あらためて「のどがかわいた」の意味が、読者にとっての意味〈つらくて苦しいイメージ〉と話者である〈ぼく〉にとっての意味とでは違うことをふまえて、読みを深めることになると思います。

◇イタマルの目と心に寄りそって読む

物語を語っている**話者**は、イタマルという名前の〈ぼく〉です。ですから、一行目から〈ぼく〉の**視点**で友だちの様子を語っています。当然、読者は〈ぼく〉の身になって〈ぼく〉と一緒に体験をしていきます**(同化体験)**。ここで大切なことは、エルダッドやダニエルやミッキーの様子は、すべて〈ぼく〉の目と心を通して見た人物像であるということです。客観的な事実のようであっても、それらはすべて**視点人物**である〈ぼく〉との**相関関係**によって表れた様子なのです。そして、〈ぼく〉にとっての友だち**(対象人物)**に対する見方を読みとることで、〈ぼく〉の人物像をとらえることにもつながります。

まず、最初に登場する対象人物は、エルダッドです。読者が〈ぼく〉に**同化**して読むと、なんとも「いやなやつ」と思えてきます。〈ぼくがゆっくり水を飲もうとすると、じゃまする。みんなといっしょにならんで、冷たい水道のじゃぐちに飛び付いているときでも、うるさい〉。〈「イタマル、もう、いいだろ。水道の水を、全部一人で飲むつもりかい。他にも待っている人がいるのが、見えないのか。」とつつく〉。〈ぼく〉が〈一発おみまい〉したくなる気持ちにもうなずけます。本当に〈ぼく〉にとっていやな存在であるという人物像をとらえることができます。

同時に、エルダッドの言動に対して腹を立てている場面から、〈ぼく〉が「水を飲むこと」

を大切に楽しみにしていることもわかります。それは、〈水を飲む楽しみをおじゃんにしたくないから、がまんしてるけど、でなかったら、一発おみまいしてやるところだ〉からも、読みとれます。それにしても〈ぼく〉が〈水を飲む楽しみ〉になぜここまでこだわるのか不思議です。題名「のどがかわいた」とこの最初の場面の水を飲むことは関係することはあるにしても、初読でははっきりとはわかりません。

〈ぼく〉にとって大切な〈水を飲む楽しみ〉をじゃまするエルダッドは、もうそれだけでいやな存在です。だから、部屋の明かりをつけるか消すかなんていうとるに足らないことでもめて〈なぐり合いの大げんか〉にまでなってしまいます。

次の対象人物は、ダニエルです。ダニエルは、明かりをつけたり消したりすることにわずかに〈ぐちぐち文句を言い続け〉るだけです。〈ぼく〉にとって大切な〈水を飲む楽しみ〉とあまりかかわりのない人物なので、〈ぼく〉との関係もあまり出てきません。

そして、もう一人の対象人物がミッキーです。彼もダニエルと同様に、物語のはじめでは、〈ぼく〉にとって大切な〈水を飲む楽しみ〉とあまりかかわりがないようです。にもかかわらず、ダニエルと**対比**するとずいぶんくわしく紹介してあります。ですが、第一印象の内容はあまり肯定的な評価ではありません。〈だれもミッキーにかまわない。小がらでやせた、無口な子だ。いつもぼんやり考えこんでいて、声をかけられても聞いてなかったりする。詩を書くが、勉強は苦手だ〉。どうして、こんなミッキーを、〈ぼく〉はくわしく観察し紹介しているのでしょうか。

初読では、この場面で、その理由はわかりません。しかし、次の場面を読み進めていくうちに、こんなミッキーが、実は〈ぼく〉にとって大切な存在になっていきます。そして、あらためて第一印象との対比によって「本当に心が通い合う友だちとは」について考える大きなポイントになるのです。

◇〈ぼく〉流の水の飲み方

話者である〈ぼく〉は、〈ミッキーの水を飲む様子が気になった〉と語ります。読者には、なぜこんなことが気になるのか不思議に思えます。そして、なぜか、その続きには、〈ぼく〉にとって大切な意味をもつ「水の飲み方」を語ります。そうすることで、〈ぼく〉が〈水を飲む楽しみ〉にこだわったり、〈ミッキーの水を飲む様子が気になった〉わけを読者に説明することになります。

まず、〈ぼくはいつも、みんなが水を飲み終えて行ってしまってから、ゆっくりじゃぐちに近づくようにしていた〉、〈一人きりで水が飲めるまで待つ〉、これが、〈ぼく〉流の「水の飲み方」です。とにかくだれにもじゃまをされずに水を飲みたいという〈ぼく〉の気持ちです。

そうまでして一人になった〈ぼく〉は、どのように水を飲むのでしょうか。次は、〈ぼく〉だけの「水を楽しみながら飲む」世界が語られます。〈流れている水や、すけたガラスのうつわにつがれたとうめいな水を見るのって、なんだかすてきだ。…水が手からしたたり落ちるかんしょくを、うっとりと楽しむ〉。〈ぼく〉がどれほどまでに、この世界を美しく楽しく感じているのかが、読者にも伝わってくる描写です。

そして、〈ぼく〉は、空想の世界に入っていきます。一つ目の空想の世界は〈さばく〉です。この世界で、〈ぼく〉は、どんどん「のどがかわいた」状況に自分を追い込んでいきます。〈さばくのすなあらし〉の中で〈歩いてはたおれ、また起き上がる自分のすがたが見える〉、〈口はかわいて、歯の間はざらざらしたすなつぶだらけ、くちびるがひりひりと焼け、舌ははれあがり、熱にうかされたみたいに、ぼくは声を出そうとする。「水。水を。」〉と、もうこれ以上に「のどがかわいた」状況は考えられないぐらいまで、〈ぼく〉は空想の世界を広げます。

そして、二つ目の空想の世界は、〈海〉です。水が豊富にあっても、その塩水を飲むことができない海にいかだで漂っている場面から空想は始まります。〈ちょうど、ちんぼつ船のドアの上だ。死にそうなほど、のどがかわいている。しょっぱい海水の青い波にゆられ、しゃくねつの太陽にじりじり焼かれている——〉。読者にも〈ぼく〉ののどの渇きが伝わってきそうなぐらいの細やかな描写で、どれほど「のどがかわいた」のかを語っています。ここまで空想の世界で「のどがかわいた」イメージをくり返しふくらませておいてから〈そこで、ぼくは、水道のせんをひねって水を飲む〉。これが、〈ぼく〉流の水の飲み方なのです。

ただ、生理的にのどが渇いたから水を飲むという飲み方とは、ずいぶん違うことに読者も気がつきます。ですから、そんなときに〈だれか来たり〉して〈ゆっくり、のんびり飲ませてくれない〉と、〈ぼく〉は心から不満を感じるのです。でも、こんな水の飲み方をする友だちはいません。これは、〈みんな〉とは違う〈ぼく〉だけの水の飲み方でした。

◇ミッキーの人物像の変容

そんなとき、ミッキーが来ました。これまでの友だちとの関係ならば、水のとり合いが起こりそうです。ところがミッキーは、違いました。〈ぼくは、「飲めよ。」と言った。「いや、いいよ。」とミッキーが言った。「後でいいんだ。」「いや、いいよ。」と、ぼくは言った。「飲めよ。かまわないから。」〉と、水をとり合うどころか、ミッキーは譲ろうとします。〈ぼく〉は、いつものように後から一人でゆっくり楽しむために先にミッキーに飲ませようとするのですが、ミッキーも順番を〈ぼく〉に譲ろうとするのです。〈ぼく〉とミッキーに小さな共通点が見られます。しかし、そのときの〈ぼく〉にはまだ、ミッキーの言動は自分の楽しみをじゃまするものとしか思えなったから〈むかっとして、じゃぐちのせんをしめた〉のです。

ところが、〈ミッキーが、せんをひねってかがみこんだ〉その姿は、なんと〈ぼくと、そっくりおんなじしぐさ〉だったのです。ミッキーの水を飲む様子が気になり、「順番を譲る」行動に続いて、また〈ぼく〉との共通点を発見したのです。しかも、「水の飲み方」という〈ぼく〉にとってだれにも打ち明けたことがない秘密の楽しみを共有していることを感じたのです。

〈ぼく〉は、思わず〈こいつ、のどのかわきを知っているんだ。ミッキーが、だ〉と驚きます。前の場面では、あまりさえない人物として認識していたミッキーだけに、驚きは大きなものです。そのうえに、〈ミッキーは目をとじ、水が、ミッキーの顔や首すじを伝って、したたり落ちていく〉という描写は、〈ぼく〉の〈水が手からしたたり落ちるかんしょくを、うっとりと楽しむ〉と実によく似た気持ちよさそうなイメージの描写です。〈ぼく〉は、もうたずねずにはおられませんでした。〈「ミッキー、君、のどのかわきを感じられるの。」〉と。そして、ミッキーの〈うん〉といううなずきを見れば、あとはもう言葉なんて必要ありません。自分にとって一番大切な「のどのかわきを楽しむ水の飲み方」を共有できる仲間を見つけたのですから、〈それ以上は、二人ともしゃべらなかった〉。行動にもうなずけます。

その後のミッキーとの関係は、以前の〈四番目のルームメイト〉ではなく、心が通い合う仲間同士の関係になりました。〈それからは、のどがかわくと、ぼくたちは二人で庭に下りて、どっちが先かなんて気にしないで、水を飲むようになった〉。行動をともにして、争うこともなく、同じ楽しみを共有できる関係、それが仲間として語られています。この関係は、相手の言動のなかに自分との共通性を見つけたところから生まれました。高学年になって、思春期の人間関係を築きあげていく子どもたちに、自分にとって大切な仲間を見つける典型の一つがここに語られています。

また、最初の場面でのミッキーの人物像とこの場面でのミッキーの人物像を**対比**すると、その違いの大きさに気がつくでしょう。しかし、この違いはミッキーが変化したことによるものではありません。ミッキーは、今も以前も同じミッキーです。では、何が変化したのでしょうか。それは、〈ぼく〉のミッキーを見る見方です。友だちに対する見方一つで、自分との共通点を見つけて親近感を覚えたり、大切な友だちになったりするのです。

◇描写の効果

ある日、〈ぼく〉とミッキーは、ガリラヤ湖に行きます。そして〈あごの上辺りの深さの所まで進んで、つかった〉という経験をした読者はいないでしょうから、普通ならば「いったい何をしているんだ?」と疑問に思いそうな場面です。しかし、前の場面で〈ぼく〉の空想を《同化体験》している読者は、二人のしていることが、きっと「のどのかわきを楽しむ水の飲み方」と関係があるのではないかと**類推**できます。

案の定、二人は、「のどのかわきを楽しむ水の飲み方」を始めます。それは、〈丸一時間ぐらい湖の中に立っていた〉、〈ちんぼつ船のドアに乗っているつもりでいたけれど、つかれたので、湖の水をごくんと飲んだ〉というものです。以前までだったら、これは〈ぼく〉一人の楽しみでした。でも、今は、この楽しみを共有できる仲間が隣にいます。〈ちらっと、ミッキーの方を見ると、ミッキーも、大きく口を開けて水を飲んでいた〉。〈ぼく〉と同化して読んでいる読者にも、二人で一緒に楽しむ喜びが伝わってきます。それは、〈おだやかなガリラヤ湖の、青くなめらかな湖水がのどにすいこまれていき、真昼の太陽が、ぎらぎらと照りつけていた〉という描写からもわかります。なぜかというと、この描写は、湖の様子を表していると同時に、視点人物の〈ぼく〉の心情をも表しているからです(情景描写)。同じ景色を見ても、不安や不満を感じている人物が見るとそれほど美しく感じないので、描写にも美しさや気持ちよさは表れてきません。描写は、《視点人物》の心情をそのまま表現しているのです。

◇価値観の共有

イタマルは、その言動を外からだけ見たら、何を考えているかわからない変わった行動をし、すぐ感情的になり、けんかっぱやい、協調性のない子と見えます。ミッキーも外からだけ見たならばまったくとりえのない、魅力に乏しい、周りから無視されるような子です。

なぜこの二人が友だちになれたのでしょうか。

砂漠の中で、大海原で遭難した自分を想像しながら「のどのかわきを感じ」、水を飲む喜びを想像し、水の価値を楽しむことは、他の子には理解しがたいことです。それだけにミッキーが同じ価値観をもち、同じ夢をもっていることを発見したとき、ミッキーがイタマルの友だちになるのは必然の成り行きでした。もういちいち話さなくてもわかり合うことができる友だちになれたのです。

思春期に入ると今までと違った基準で友だちを選ぶようになります。同じ価値観をもつことが友だちになる大きな要素になります。二人がガリラヤ湖に行って、〈丸一時間ぐらい湖の中に立って〉、〈ちんぼつ船のドアに乗っているつもり〉になり、共通した想像をめぐらした後、二人ともガリラヤ湖の水を飲みます。同じ水を飲むという行為のなかに同じ価値観を見出しているように思えます。

「のどのかわきを感じられる」を意味づけましょう。漠然と何かしたというイメージではありません。したくてしたくてたまらない、これなしには生きていけないというほど熱望する体験と意味づけられます。こうしたことを求めることも思春期の特徴でしょう。

〈「好きな女の子がいるんだ。」〉とミッキーが言います。そして、その女の子のことを自分たちと同じように〈「目をつむって、のどがかわいたなあっていうふうに、水を飲むんだ。」〉と説明します。好きになった女の子も同じ夢・同じ価値観をもっています。だから〈ぼく〉も〈そんな女の子にぼくも会いたいと思った〉のは、当然のことです。同じ夢・同じ価値観をもった異性を好きになれれば、どんなに楽しいことでしょうか。

〈それぞれ大きくなって、別々に世界を旅したりして、またどこかで会いたいとこいこがれながら、目をつむって水を飲むのだ〉という書き終わりには深い意味があります。話し合ってさまざまな解釈をすることができましょう。たとえば、それぞれが別の人生を歩もうとも同じ夢をもつ喜びを共有できた友だちとはいつまでも友だちであり続けたいとも、大きくなっても互いに同じ価値観や夢をもち続けたいとも読むことができるでしょう。友だちということとつなげて他にも解釈を広げさせてください。

◇ドラマ性

同じ欲望をもった人間同士は、ある**条件**のもとでは敵対的な関係になります。そして、また、ある条件のもとでは友好的な関係にもなります。

物語では、ぼくとエルダッドとのあいだには、どちらも水を飲むということを求めているからこそ、そこには敵対的な関係しか生まれませんでした。しかし、ぼくとミッキーは、ただののどが渇いたから水を飲むということとは違い、二人ともに水を飲むという快感を知っていて、それを求めているからこそ友好的な関係になることができました。

同じものを求めているからこそ、とりあいの敵対的な関係にもなりうるのですが、また、同じものを求めているからこそ、理解し合う友好的な関係にもなりうるのです。そこからドラマが生まれるのです。

◇典型化

子どもたちは、ともすると物語の世界を「物語だけの世界」という見方で見てしまいます。しかし、物語の世界が、たとえ動物の世界でも、住むところが異なる世界でも、時代が異なる世界でも、そこに表されている真実は、読者である自分の世界とつながっているという見方こそが大切になります。たとえば、物語の世界で体験した人間関係を自分の身の回りの人間関係に当てはめてみることで、物語の人物の言動を深く意味づけたり、自分の見方・考え方を振り返ったりすることにつながるのです。〈ぼく〉とミッキーの関係も、個々の子どもたちなりに自分の人間関係に当てはめて振り返ることで、今の自分、これからの自分のありかたを考えるきっかけになるのではないでしょうか。このことを文芸研では**典型をめざす読み**（典型化）とよんでいます。

（荒木英治）

26「ニュース番組作りの現場から」（清水建宇）

◇ニュース番組づくりの観点

子どもたちは、テレビでニュースなどをいつも見ていますから、この教材は身近な話題です。この教材は、ニュース番組で防災訓練の特集としてとりあげられるまでの過程を見ていく内容になっています。その過程を時間の順序にしたがって表にまとめると、特集番組は、時間をかけてくわしく取材してつくるとはいえ、たくさんの仕事をわずかの間につくりあげてしまうことに驚きを感じます。それが可能なのは、報道スタッフが専門的な分野の仕事を分業し、協力してつくりあげているからだということがわかります。そして、それぞれのスタッフが、ねうち・価値あるものを選んで、見ている人にわかりやすいように工夫してつくっていることがわかります。

〈富士山の噴火に備えた訓練はこれが初めてであるということにおどろき〉があり、〈多くの人の関心をよぶ話題だと考えて、ニュース番組の中で特集として伝えることにしました〉とあります。この内容は見ている人に知らせるねうち・価値のあるものとして選ばれます。また、多くの人に関心をもって見てもらえる話題であると判断したこともとりあげた理由です。

〈なぜ富士山の噴火に備えた訓練がこれまでなかったのか〉、ところが〈なぜ訓練をすることになったのか〉という〈この二つの疑問〉があったから、これを取材の中心にしようとしたのです。〈二つの疑問〉は、番組をつくるときの**観点**と言い換えることができます。この疑問は、見る人・視聴者も知りたいことであり、それを知ることは視聴者にとってねうちがあるものでなくてはなりません。

◇多角的に取材する

〈二つの疑問〉の答えを出すためにいろいろな角度から取材することになります。取材にあたって大事なことは、正確さです。だからいろいろな人に聞いて、裏をとるといいますか、証拠を積みあげていきます。そのためにできるだけ**多角的**に取材します。

取材でわかったことは、富士山はなんとなく死んだ山という感じがあり、切実感がなかったということと〈富士山の周囲には湖や温泉がたくさんあり、観光が重要な産業〉になっているため、防災訓練をすると噴火や地震があるかもしれないと観光客に不安を与えてしまうので、客が寄りつかなくなるという心配があって、なかなか防災訓練ができなかったということです。ところが、有珠山が噴火したときには、前もって情報活動が行われ、防災訓練も重ねていたために、〈一人の死者も出さずにすんだということが報道されて、訓練の大切さも学びました〉。そこで、行政も防災訓練に踏み切ったという事情があったのです。多角的に取材した結果、〈二つの疑問〉の理由が明らかになります。

これまで防災訓練をすることは観光業にとってマイナスになると思われていました。ところが、富士山のことや訓練することの大切さを知ることによって、防災訓練をすることは観光業にとってプラスになることがわかってきます。その重要性を伝えることになるのです。〈「……火山をよく知ることが、いちばんの防災です。」と結びました。それは、デスクやディレクターが、取材を重ねてきて最も伝えたかったことでした〉という一段落の文につながっています。

◇番組をつくるときの観点に沿って編集する

取材したビデオテープを目的に合わせて、視聴者のニーズに合わせて編集します。最終的には相当縮めます。ビデオテープが全部で六時間分あるのに、実際に放映されるのは八分間です。これはちょっとした驚きです。たくさん撮って、その中から一握りだけ使うのです。限られた時間内に収めなくてはならないということもありますが、あれもこれもと欲張って使うと、かえってわかりにくいものになってしまいます。その際大切なことは、〈これまで行われなかった訓練がなぜ実現したか、訓練に参加した住民はどう思ったか、その答えがわかるように編集〉することです。つまり、番組をつくるときの観点に沿って編集することになります。

◇視聴者にわかりやすく伝えるための工夫

また、視聴者にわかりやすく伝えるための工夫も必要です。放送用原稿の文章の書き方の工夫が書かれています。それだけでなく〈ひと目で分かるように、地図や表など〉映像という**条件**を生かした工夫もされます。新聞や本のような読み返すことができる文字中心の表現と異なり、テレビのニュース番組は映像と音声で伝達するという条件があります。それに合わせた工夫、**説得の論法**が必要なのです。

現在、身の回りにはさまざまな伝達手段が発達しています。子どもたちに、それぞれの伝達手段のすぐれているところ、十分でないところなどを比べさせ、それぞれの特徴を生かした利用の仕方を考えさせることは現代的な課題と言えましょう。

最後の一二段落は、二段落から一一段落までの要旨が書かれています。ここを参考に要旨の書き方を学ぶことができます。

また、声を出してこの教材を読むと、歯切れがいい文であることに気づきます。まるでテレビのニュース番組を聞いているようです。〈放送の一六日前です〉〈放送の八日前です〉〈さつえいが始まりました〉〈さつえいが終わったのは放送の二日前〉〈午後十時二十分、いよいよ特集が放送されます〉のように臨場感あふれる表現があります。また、現在形表現になっているところもたくさんあり、これも臨場感を高めます。一文が短く、わかりやすい文もその効果を生んでいます。さらに、〈ここまでの取材で、次のようなことが分かりました〉〈では、なぜ訓練をすることになったのでしょうか〉と読者に興味をもたせるような表現をしています。これは**仕掛**です。説得の論法の一つです。本文の後に「次の課題に、取り組もう」という学習課題例が出されています。その中の〈筆者の説明のしかたで、工夫しているな、分かりやすいなと思うところを見つけよう〉というものがあります。この課題を考えるとき、手がかりになるのではないでしょうか。

◇筆者はどんな人か

子どもたちも先生方も、このような文章を書いたのはどんな筆者だろうかと気になるのではないでしょうか。幸い二五五頁の下の欄外に筆者の紹介があります。この教材の筆者は、紹介文を読むと新聞記者でニュース番組にも出たことがある人だとわかります。筆者はテレビのニュース番組づくりの現場のことをよく知っている人だからこそ、このように臨場感あふれる表現によって読者を引きつける文章が書けたのだなとわかります。

（藤井和壽）

おわりに

本書は旧『教科書指導ハンドブック』（新読書社・二〇一一年刊）を基にして、二〇一五年度版教科書（光村図書）に合わせて改訂したものです。西郷文芸学理論と教育的認識論に依拠して教科書教材を分析・解釈し、授業化する際の重要な観点を示した内容となっています。

文芸教育研究協議会に所属する全国のサークル員が各単元を分担執筆していますので、文芸研で使用する用語の解説が重複している部分もありますが、読者のみなさんがどこから読み始めても理解していただけるように、あえてそのままにしてあります。また、重複はしていても決して矛盾はしていないはずです。五〇年にわたる文芸研の理論と実践の研究は集団的に積みあげられてきていますので、本書のどのページを開いていただいても、整合性のある文芸研の主張が読みとっていただけるものと思います。

さて、昨今の国語科教育の現場を俯瞰すると「言語活動の充実」「単元を貫く言語活動」ということが声高に叫ばれ、リーフレットづくり、ペープサート、音読劇、読書発表会などを中心にすえた単元構成学習が極端に多くなっています。授業で学んだことを表現活動に生かすこと自体に反対するものではありませんが、文芸を文芸として（作品を作品として）読むことの軽視、あるいは無視については看過するわけにはいきません。

これまで国語の教室で大切にされてきた、教材に向き合って場面ごとにイメージと意味の筋を追い、読み深め、子どもたちが多様な読みを交流し合い、語り合う授業は、今や「古い授業」と批判の対象にさえなっています。多くの国語教師は、深い「教師の読み」があってこそ子どもたちに真の国語科の力が育つと信じ、全力を傾けて教材研究に打ち込んできたものですが、近年横行している、ほんの二〜三時間で教材の「あらすじ」を確認したら残り時間は「言語活動」に充てるという授業なら、教材研究など必要ないでしょう。しかし、そのような授業をしていては、国語科で育てるべき学力が子どもたちに身についていくはずがありません。深い教材研究と教授目標の明確化こそ、多様な子どもたちの読みを意味づけ、立体化・構造化し、真の意味で子どもの主体的な学びを保障することになります。

今こそ、深い教材研究に根ざした国語の授業の創造が求められています。本書が、全国の先生方の教材研究の一助になり、子どもたちが楽しく、豊かに深く学ぶ授業につながっていけば幸いです。

また、本書では紙幅の都合で詳細な授業構想・授業記録についてふれることはできませんでしたが、それについては、今夏、新読書社より刊行予定の『文芸研の授業シリーズ』(教材別・小学校全学年・全十八巻予定)をご参照ください。

編集委員会

指導案例・板書例執筆者紹介（執筆順）

小林良子（広島文芸研・福山サークル）	3「なまえつけてよ」【指導案例】
藤井和壽（広島文芸研・福山サークル）	10「千年の釘にいどむ」【指導案例】
石田哲也（山口文芸研・岩国サークル）	15「大造じいさんとガン」【指導案例】
山中吾郎（千葉文芸研・大東文化大学）	23「わらぐつの中の神様」【指導案例】【板書例】

教材分析・指導にあたって	編集委員
おわりに	編集委員

執筆者紹介（執筆順）	執筆担当教材名
西郷竹彦〈文芸研会長〉	高学年の国語でどんな力を育てるか
	10「千年の釘にいどむ」
	15「大造じいさんとガン」
	23「わらぐつの中の神様」
宮宗基行（広島文芸研・福山サークル）	1「ふるさと」
向井美穂（広島文芸研・広島サークル）	2「あめ玉」
小林良子（広島文芸研・福山サークル）	3「なまえをつけてよ」
	6「生き物は円柱形」
上西信夫（千葉文芸研・松戸サークル）	4 新聞を読もう
	7 古典の世界
	8 きいて、きいて、きいてみよう
	9 広がる、つながる、わたしたちの読書
	11 次への一歩――活動報告書
	13 日常を十七音で
	14 明日をつくるわたしたち
	17 グラフや表を用いて書こう
	22 すいせんします
	24 一まいの写真から
佐藤真理子（広島文芸研・福山サークル）	5「見立てる」
	21「見るなのざしき」
藤井和壽　（広島文芸研・福山サークル）	10「千年の釘にいどむ」（加筆）
	12「からたちの花」
	26「ニュース番組作りの現場から」
石田哲也（山口文芸研・岩国サークル）	15「大造じいさんとガン」（加筆）
藤原鈴子（広島文芸研・福山サークル）	16「天気を予想する」
西本進次（山口文芸研・岩国サークル）	18「百年後のふるさとを守る」
山中吾郎（千葉文芸研・大東文化大学）	19 詩の楽しみ方を見つけよう
桐島律子（広島文芸研・福山サークル）	20「想像力のスイッチを入れよう」
荒木英治（広島文芸研・広島サークル）	25「のどがかわいた」

【監修者】
西郷竹彦（さいごうたけひこ）
文芸学者・文芸教育研究協議会会長

【編集委員】五十音順　＊は編集代表
上西信夫（千葉文芸研・松戸サークル）
奥　葉子（大阪文芸研・枚方サークル）
曽根成子（千葉文芸研・松戸サークル）
髙橋睦子（青森文芸研・津軽サークル）
藤井和壽（広島文芸研・福山サークル）
村尾　聡（兵庫文芸研・赤相サークル）
＊山中吾郎（千葉文芸研・大東文化大学）

光村版・教科書指導ハンドブック
新版　**小学校五学年・国語の授業**

2015年5月9日　初版1刷

監修者　西郷竹彦
編　集　文芸教育研究協議会
発行者　伊集院郁夫
発行所　（株）新読書社
東京都文京区本郷5-30-20　〒113-0033
電話03-3814-6791　FAX03-3814-3097

組　版　七七舎　　印　刷　日本ハイコム（株）
ISBN978-4-7880-1194-6 C3037